금융 프렌즈가
우릴 기다려

금융 프렌즈가 우릴 기다려

돈을 '벌고, 모으고, 쓰는'

나에게 힘이 될 경제 이야기

이현 지음

곰곰

머리말

주체적인 삶을 꾸려 나가기 위한 '금융 프렌즈' 만나기

2년 전 한 고등학생에게 디엠을 받았어요. 딱히 하고 싶은 공부나 원하는 직업 없이 남들 따라 대학입시를 위해 공부해 왔는데, 제가 만든 유튜브 영상을 보다 보니 경제 이야기가 재밌고 경제 관련 분야에서 일하면 왠지 잘할 수 있을 것 같다고요. 경제 이슈를 쉽게 설명하는 콘텐츠를 만들면서 마음이 제일 뿌듯했던 순간이었습니다. 그분은 지금 아마 경제학도가 되어 있지 않을까 싶어요. 몇 년 뒤에는 경제학박사나 펀드매니저가 되어 저보다 훨씬 경제를 잘 아는 전문가가 될 수도 있겠죠? 그때 그 학생처럼 여러분이 이 책을 읽으면서 어려운 경제가 조금 친근하게 느껴지고 금융이 궁금해진다면 그것으로 저는 이 책을 쓴 목표를 이룬 셈입니다.

학교에서는 '수요일'의 영어 스펠링(저처럼 '웨든스데이'라고 외운 사람 손!)부터 얼굴도 본 적 없는 조선시대 왕의 업적, 피타고라스의 정리, 단소 부는 법까지 별걸 다 가르쳐줍니다. 당장 쓸모가 피부에 와닿지 않거나 때로는 시시콜콜한 내용처럼 느껴질 수도 있지만, 다양한 지식을 쌓아 두면 풍성한 삶을 사는 데 도움이 됩니다. 생각지도 못한 순간에 힘이 될 수 있거든요.

그런데 어른이 되고 경제적으로 독립해서 내 생활을 꾸리는 데 필요한 '실전 지식'은 배울 기회가 별로 없는 것 같아요. 사람들은 왜 아침저녁으로 주식 창을 열어 보는지, 살아가는 데 꼭 필요한 돈은 어떻게 관리해야 하는지 학교에서 배우기는 어렵습니다. 경제 시간에는 휘어진 수요곡선과 공급곡선을 그리다 끝나고 말죠.

좋은 어른이 되는 것과 학교 성적은 절대 비례하지 않습니다. 위로하려고 하는 말이 아니라 정말 그래요. 학교 공부와 상관없이 나는 어떤 사람이고 어떤 삶을 살 것인지 충분한 고민이 있어야 '진짜 어른'이 될 수 있습니다. 그 고민 중 하나가 돈에 대한 감각, 돈을 대하는 태도입니다. 내가 무엇을 좋아하고 나는 어떤 가치를 가장 중시하는 사람인지, 나에 대해 잘 알아야 돈을 써야 할 곳에 쓰고 아껴야 할 때 아낄 수 있습니다. 돈을 '지금' 쓰는 것이 좋을지, 모으거나 굴려서 '미래'에 쓰는 것이 더 좋을지 판단할 수 있는 눈을 길러 놓아야 해요. 그래야 내가 가진 돈에 힘이 생깁니다.

그렇다고 부자가 되자는 말은 아닙니다. 모두가 부자를 목표로 살 필요는 없습니다. (애초에 부자란 한정된 자원을 선착순으로 먼저 가져가는 사람이기 때문에 모두 부자가 되는 것은 불가능하기도 하고요) 돈은 행복하게 살기 위해 꼭 필요하지만 인생에서 제일 중요한 것은 아닙니다.

저는 좋은 기자가 되고 싶어서 착실히 돈을 벌고 재테크를 합니다. 기자는 사회의 여러 문제를 고발하는 사람입니다. 다른 사람의 잘못을 지적하려면 공직자만큼은 아니더라도 기자 본인부터 깨끗해야겠죠. 살다 보면 갑자기 큰돈이 필요한 순간이 찾아올 수 있습니다. 영화나 드라마를 보면 청렴하게 살던 인물이 가족이 아프다든지 자녀에게 큰돈이 들어간다든지 예상치 못한 돈이 필요해져서 떳떳하지 못한 선택을 할 때가 있더라고요. 그런 일이 생기지 않게 제 삶은 스스로 부양할 만큼 돈을 모으고 불려 놓아야겠다고 마음먹었습니다. 원하는 대로 살려면 돈이 필요합니다. 내 마음대로 생각하고 행동하려면 내 돈이 있어야 하죠.

마지막으로 부모님의 경제력은 여러분과 상관없다는 마음가짐을 가졌으면 합니다. 경제적으로 풍족한 가정에서 태어난 것은 여러모로 편리함이 있습니다. 그렇지만 저는 성인이 되어서도 부모님의 경제력에 의존해 사는 사람을 '독립한 어른'으로 생각하지 않습니다. 반대로 혹시 넉넉하지 못한 집에서 태어났다 해도 그건 내 탓이 아닙니다. 앞으로 내 인생은 다르게 그려 나가면 그만이죠. 지금 여러분의 환경이 어떻든 '진짜 게임은 스무 살부터'라는 마음으로 삶을 주체적으로 운영하는 데 도움이 될 '금융 프렌즈'를 하나씩 차근차근 알아가면 좋겠습니다.

세상은 지금 이 순간에도 조금씩 변하고 있습니다. 10년, 20년 뒤에는 무엇으로 돈을 벌고 또 어떻게 돈을 쓰게 될지 아무도 모릅니다. 그렇지만 지금 경제생활을 꾸려 가는 데 꼭 필요한 금융에 대해 알고 친구처럼 자주 마주하다 보면 분명 평생 힘이 될 거예요. 세월이 흘러 사는 곳이 멀어지고, 하는 일도 달라지고, 얼굴도 조금씩 바뀌어 가도 언제나 마음이 통하는 죽마고우처럼 말이죠.

"청소년 세대에게 독립한다는 것, 어른이 된다는 것의 의미가 무엇인지 경험하고 준비할 기회를 주는 것이 중요하다"라며 책 쓰기를 제안해 주신 휴머니스트 편집부와 '현 기자'의 취재 여정이 외롭지 않게 재치 있는 그림을 보내 주신 오이웍스 작가님들께 감사드립니다. 제가 독립적인 어른이 되도록 성장의 여정을 함께해 온 가족들 그리고 소울메이트이자 머니메이트인 남편에게도 특별한 감사를 전합니다.

이현

차례

1. 돈이 뭐길래

화폐의 가치

'금융 프렌즈가 우릴 기다려' 연속 보도 첫 시간입니다. 이 코너에서는 시간과 국경을 초월해 금융 현장을 취재하는 현 기자를 연결해 생생한 이야기를 전해 드립니다. 그럼 현장에 나가 있는 현 기자 연결해 보겠습니다. 현 기자, 지금 어디에 있나요?

네, 이현입니다. 지금은 조선시대고요, 제가 중계 직전에 이곳에 도착했기 때문에 정확한 연도는 알 수 없지만 숙종 재위 기간인 1600년대 후반인 것 같습니다. 제 뒤로 보이는 이곳은 한양의 한 저잣거리인데요. 비단 옷감을 파는 가게, 서책을 파는 가게, 한약방 등등 여러 가게가 즐비한 모습을 보실 수 있습니다.

현 기자, 첫 취재 장소로 왜 거길 택하셨나요? 뭘 취재하고 있는 거죠?

바로 이 동전을 취재하기 위해 왔습니다. '상평통보'라고 하는 놋쇠로 만든 동전인데요. 1678년부터 관청에서 만들어 유통시킨 돈입니다.

아하, 화폐를 취재하러 갔군요. 사극 드라마에서 소매에 동전 꾸러미를 넣어 다니는 장면을 본 기억이 납니다.

네, 맞습니다. 그런데 사실 처음부터 이 엽전이 널리 쓰인 것은 아니었습니다. 처음 상평통보가 발행됐을 때는 백성들이 이 작은 동전 하나로 정말 쌀이나 옷을 살 수 있을지 걱정이 많아서 널리 유통되지 못했다고 합니다. 그래서 관아에 동전을 가져오면 그에 상응하는 현물로 바꿔 주면서 화폐가치를 믿을 수 있게 일종의 캠페인을 벌이기도 했고요. 또 나라에서 이 화폐로 계산하는 주점, 음식점을 직접 운영하기도 하면서 점차 활발히 유통됐다고 합니다.

그럼 그 쇠로 만든 동전 한 닢 가치가 얼마나 되는 건가요?

이 동전 한 닢이 '1푼'인데요, 100개를 '1냥'이라고 합니다. "동전 4냥이 은 1냥과 같은 값이다"라고 정해 만들었는데요. 지금 이곳에서는 상평통보 5냥으로 쌀 1섬(144kg)을 살 수 있다고 합니다. 시청자 여러분들 가까운 마트에 가면 쌀 20kg에 6만 원 정도 하는 것을 확인할 수 있을 텐데요. 계산해 보면 이 상평통보 1냥이 2022년 원화 가치로 8만 6,000원쯤[1]인 셈입니다.

재밌는 소식 취재하느라 고생했습니다. 뒤로 보이는 주막에서 국밥 먹는 사람들이 있군요. 현 기자도 기념으로 국밥 한 그릇 사 먹고 오시죠.

사실은 해외 출장인 줄 알고 신용카드와 달러화만 챙긴 바람에 식사는 돌아가서 해야 할 것 같습니다. 아무튼 17세기 한양에서 이현이었습니다!

단풍잎이 돈이 될 수 없는 이유

미국 드라마나 영화를 보면 가끔 교도소 안에서 수감자들끼리 담배 몇 개비를 주고 필요한 물건을 교환하는 장면이 나옵니다. 실제로 감옥에서 구할 수 있는 물건 중에 희소가치가 있으면서 부피도 차지하지 않고, 가볍고 또 오래 보관할 수 있는 물건이 담배라서 그 안에서는 담배가 화폐처럼 쓰인다고 합니다. 나름 합리적이죠.

2016년에는 미국 교도소에서 담배보다 라면이 훨씬 더 인기가 있다는 연구가 나와 화제가 되기도 했어요. 교도소 예산이 줄어들면서 재소자들이 공급받는 음식량이 줄어든 탓에 라면 1봉지의 가치가 치솟은 탓이었죠. 교도소 매점에서 10.81달러에 살 수 있는 운동복 상의를 정가 59센트짜리 라면 2봉지와 맞바꿀 수 있을 정도였다네요.[2] 담배가 교도소에서 1만 원짜리 화폐 역할을 했다면, 라면은 5만 원짜리 지폐 혹은 10만 원짜리 수표 대우를 받은 셈이죠.

돈의 핵심은 '믿음'에 있습니다. 대한민국에서 한국은행이 발행한, 위인들의 얼굴이 인쇄된 색색의 지폐가 돈이죠. 종잇조각이지만 "여기 적힌 숫자만큼 가치가 있는 것으로 인정하자" 하고 국민이 동의하기 때문에 돈으로 쓰일 수 있습니다. 10년 뒤에도 대한민국은 지금과 비슷한 경제력을 유지하고, 돈을 발행한 한국은행도 그대로 있을 거라고 믿으니까 월급을 원화로 받아도 불안하지 않죠. 정부와 한국은행에 대한 믿음이 있기에 '원화' 화폐가 시중에 유통될 수 있는 거예요.

만약에 "단풍 든 나뭇잎을 돈으로 쓰자", "빨간 단풍잎은 1천 원, 노란 은행잎은 1만 원만큼 교환 가치가 있다"라는 것에 시민들이 모두 동의한다면 단풍잎도 돈이 될 수 있습니다. 같은 경제 울타리 안에 있는 사람들이 모두 가치 있는 것이라고 고개를 끄덕일 수 있다면 물건을 사거나 팔 때 다른 물건 대신 주고받는 돈의 역할을 할 수 있을 겁니다.

그런데 단풍잎은 돈이 되지 못하고 한국은행이 발행한 원화나 미국 중앙은행이 발행한 달러화는 돈이 되는 이유가 있습니다. 일단 단풍잎은 가을에만 구할 수 있고 오래 보관하면 썩어 버리거나 바스라질 수 있죠. 그래서 지금 열심히 일해서 번 단풍잎을 쌓아 둘 수가 없습니다. 그렇다고 금이나 은처럼 단풍잎 자체로 쓸모가 있거나 가치가 높은 것도 아니에요. 그러니 사회 구성원들이 단풍잎에 화폐로서 '믿음'을 갖기 참 어렵습니다.

"금 나와라 뚝딱"은 이유 있는 주문이었다

옛날에는 금이나 은이 돈 역할을 했습니다. 금·은은 부식되지 않으니까 오랜 시간이 지나도 가치가 훼손되지 않고 그대로 유지되죠. 그 자체로 가치 있는 금속이고 앞으로도 마찬가지일 것이라고 사람들이 믿으니까 물건값을 금으로 대신 받을 수 있었어요.

그러다 국가에서 고유의 문양을 찍어 낸 금속 동전이 나옵니다. 사람들끼리 거래가 많아지고 상업의 규모도 커지면 금이나 은 혹은 쌀 같은 재화로 거래하는 데 한계가 생기거든요. 그래서 국가가 "이 동전 하나를 가져오면 금(혹은 은) 몇 그램으로 바꿔 준다" 하고 약속하고 돈을 만들어 유통시켰어요. 현 기자가 취재한 조선시대 '상평통보'처럼 말이죠.

20세기 중반까지도 '1달러=금 31.1g(1Oz)' 이런 식으로 금 보유량에 비례하도록 돈을 만들었습니다. 그런데 세계적으로 경제 규모가 어마어마하게 커지면서 사람들이 매일 주고받는 돈이 더 많아지고, 정부에 필요한 돈도 점점 많아지다 보니 금 일정량에 달러 얼마, 이런 식으로 비율을 맞추는 것이 불편해졌죠. 그래서 1971년 이후로는 금을 얼마나 갖고 있는지와 상관없이 달러를 찍어 낼 수 있게 됐어요. 이제 금과 화폐가 연동돼 있지 않지만 여전히 중앙은행들은 상당한 양의 금을 보유하고 있습니다. 한국은

행도 영국 중앙은행 지하 금고에 104톤에 달하는 금을 맡겨 두고 있습니다.[3]

그렇다면 지금의 돈은 금과 교환할 수도 없고 그냥 종잇조각인데 어떻게 다들 믿고 쓰는 걸까요? 그건 많은 사람이 돈을 찍어 내는 중앙은행과 국가가 망할 일이 없을 거라고 믿기 때문입니다. 돈 중에서도 미국 돈, 즉 달러가 세계적으로 가장 많이 거래되고 또 제일 안전한 통화로 꼽히는 이유도 미국이 경제적으로나 군사적으로나 가장 강한 나라라는 것을 모두가 알고 있기 때문이에요.

편의점에 돈 자루를 메고 가지 않으려면

화폐를 만들 수 있는 '주조권'은 각국 중앙은행에 있습니다. 우리나라에서는 한국은행이 돈을 얼마나 찍어 낼지 결정합니다. 지갑에 들어 있는 지폐나 동전을 꺼내 잘 들여다보면 '한국은행'이라고 적힌 글자를 찾을 수 있을 거예요. 미국에서는 중앙은행 격인 연방준비제도(Fed, Federal Reserve System)가 달러를 발행하죠. 돈은 화폐라고도 하고 통화라고도 부릅니다. 뉴스에 나오는 '중앙은행의 통화정책'이란 말은 쉽게 말해 시중에 돈을 얼마나 풀어 둘지 결정하는 정책이란 뜻입니다.

그렇다면 중앙은행인 한국은행이 마음먹고 돈을 찍어 내면 국민 모두 부자가 될 수 있지 않을까요? 모두에게 필요한 만큼 돈을 인쇄해 주면 다들 행복할 텐데요. 그런데 또 그렇지가 않습니다. 왜 많은 사람이 큰돈을 갖고 싶어 할까요? 돈이 많을수록 비싼 것을 살 수 있고 원하는 일을 할 수 있기 때문이죠. 그런데 내가 갖고 싶은 것들, 새로 나온 아이폰이라든지 강아지를 키울 수 있는 마당 있는 예쁜 집 등은 개수가 한정적입니다. 인기를 끌면 어느 정도까지는 더 많이 만들어 낼 수 있겠지만, 스마트폰이나 집을 만드는 데는 시간도 걸리고 재료나 땅도 다 써 버리는 순간이 올 테니까요.

게다가 스마트폰이나 마당 있는 집을 사고 싶은 것이 나뿐만 일까요? 옆 반 친구도, 사촌 동생도 나만큼 돈이 많아져서 똑같이 스마트폰이나 집을 사고 싶어 한다면 서로 사려고 가격을 올려 부를 겁니다. "그 아이폰 제가 200만 원에 살게요", "제가 100만 원 더 드릴게요, 저한테 파세요" 이런 식으로요.

그럼 결국 100만 원이었던 스마트폰 가격이 몇 배로 뛰고, 나는 돈이 많아졌어도 갖고 싶을 것을 사긴 여전히 어렵겠죠. 쉽게 말해 100만 원의 가치가 전보다 몇 배로 쪼그라들어 버린 거예요. 이런 상황을 "통화 가치가 내렸다", "물가가 올랐다"라고 표현합니다. 이런 현상이 심각해지면 경제 시스템 자체가 망가질 수 있

한국은행
아이스크림
사 먹으러 가야지!
우와!
돈 많다.

어휴.. 무거워.
끙..

어서 위험합니다.

베네수엘라가 그랬어요. 국가재정이 어려워지자 중앙은행이 돈을 계속 찍어 내는 바람에 돈이 돈 같지 않아졌습니다. 베네수엘라의 통화 단위는 '볼리바르'인데 2020년 말 기준으로 10만 볼리바르의 가치가 0.23달러, 우리 돈으로 270원 정도밖에 안 됩니다. 수년째 물가가 기록적으로 뛰었거든요. 2018년에는 물가상승률이 13만%까지 치솟았고, 2019년에는 9,586%를 기록했습니다. 1년에 물가상승률이 13만%라면 작년 여름에 1,000원 주고 사 먹던 아이스크림이 올여름에는 1억 3,000만 원이 된다는 말이죠. 실제로 베네수엘라에서는 빵 하나 사려고 해도 가방 가득 돈을 담아 가야 하고, 돈이 휴지보다 가치가 떨어져서 지폐로 종이접기를 한 공예품을 팔기도 합니다.[4] 돈이 많다고 좋은 것만은 아닙니다.

돈은 이렇게 신뢰도에 따라 경제 상황에 따라 가치가 달라집니다. 사람들이 돈을 경제활동의 매개체로 인정하고 받아들이는지, 재화나 서비스에 비해 돈이 너무 많지는 않은지, 돈의 가치를 보증할 국가는 튼튼한지 등 여러 가지 상황에 따라 그 쓸모가 다할 수도 가치가 높아질 수도 있는 것입니다. 그래서 금융 생활을 할 때는 돈의 액면가↘보다 진짜 가치가 얼마인지 판단하는 것이 정

↘ 화폐나 유가증권 따위의 표면에 적힌 가격.

말 중요해요. 어떻게 판단하냐고요? 그 이야기는 다음 장에서 자세히 해 볼게요.

2. 삶은 선택의 연속

기회비용

여기는 2012년 서울 강남구에 있는 한 카페입니다.

아니 현 기자, 취재 안 하고 뭐 하고 있나요?

취재 중입니다. 오늘 제가 보도하려는 뉴스는 유튜브에 업로드된 가수 싸이의 뮤직비디오 <강남스타일>의 조회수가 10억 뷰를 넘었다는 소식입니다. 유튜브 최초로 조회수가 10억을 넘긴 영상인데요, 정말 놀랍지 않으신가요?

지금은 방탄소년단이나 블랙핑크 같은 다른 케이팝 아티스트의 뮤직비디오로 10억 뷰를 넘긴 영상이 제법 있습니다만…… <강남스타일>이 최초였군요. 그 당시 <강남스타일>의 인기는 대단했죠. 외국에 출장 갔을 때 한국을 잘 모르는 사람에게도 "두 유 노 싸이?", "두 유 노 강남스타일?" 하고 물어본 기억이 나는군요.

이 영상이 지금으로부터 2년 뒤, 그러니까 2014년에는 유튜브 최초로 20억 뷰를 기록하기도 하는데요. 금 앵커는 뮤직비디오 <강남스타일> 20억 뷰의 기회비용이 얼마인지 혹시 아십니까?

기회비용은 무언가를 선택할 때 포기해야 하는 다른 것의 가치를 말하는 건데, 뮤직비디오 조회수에 그런 게 있나요?

결론부터 말씀드리면, <강남스타일>의 숨겨진 비용은 세계 최고층 건물 6동에 해당합니다. 이 뮤직비디오 길이가 4분 12초인데, 20억 회 재생하려면 총 1억 4,000만 시간, 다시 말해 1만 6,000년이 걸립니다. 세계에서 가장 높은 빌딩인 아랍에미리트 두바이의 '부르즈 할리파'를 짓는 데 투입된 모든 사람의 노동시간을 합친 것의 6배 수준입니다. 뉴욕의 엠파이어스테이트 빌딩 20개, 이집트의 기자 피라미드 4개를 건설하는 시간과도 맞먹고요. 이 영상을 본 사람들이 같은 시간 동안 다른 일을 했다면 이 정도 결과물을 낼 수 있다는 이야기입니다. 그래서 10억 뷰, 20억 뷰 기록이 더 대단한 것 같습니다. 지금까지 2012년 강남에서 전해 드렸습니다.[1]

보이는 돈, 보이지 않는 돈 모두 기회비용

경제활동을 할 때는 항상 비용을 생각해야 합니다. 경제에서 합리적인 선택을 한다는 것은 가장 적은 비용으로 가장 이익이 큰 것을 선택한다는 의미죠. 어느 쪽이 합리적인지 판단을 내리려면 당장 얼마를 지불해야 할지도 따져봐야 하지만, 보이지 않는 비용까지 같이 계산하는 연습이 필요해요. 실제로 주머니에서 나가는 돈과 눈에 보이지 않는 암묵적비용을 합친 '기회비용'이 진짜 선택의 비용이거든요.

간단히 말하면 기회비용은 하나를 얻기 위해 포기해야 하는 것입니다. 좀 더 정확히는 같은 비용으로 고를 수 있는 다른 선택지 중 가장 가치가 큰 것을 말합니다. 숫자로 표시할 수 있는 기회비용도 있고 추상적인 기회비용도 있겠죠. 같은 상황이라도 사람에 따라 기회비용이 다를 수도 있고요.

여러분이 이 책을 읽기로 마음먹을 때도 기회비용이 생겼죠. 이 책을 읽는 데 3시간쯤 걸린다고 칩시다. 여러분은 3시간 동안 다른 책을 읽을 수도 있었고 친구를 만날 수도 있었습니다. 이 모든 것을 포기하고 이 책을 읽는 데 시간을 쓰기로 결정했죠. (책을 쓴 사람으로서 정말 감사한 부분입니다 :D) 그렇다면 다른 책을 읽는 데 드는 시간, 친구와 우정을 나눌 시간 둘 중 가치가 더 큰 쪽이 지

새 옷?
적금?

금 여러분의 기회비용입니다. 〈해리포터〉 시리즈에 나오는 헤르미온느의 시계라도 있다면 시간을 몇 번이고 되돌려서 하고 싶은 일을 다 할 수 있겠지만, 현실 세계에서 우리의 시간은 한정되어 있습니다. 그래서 기회비용이 존재합니다.

돈을 어디에 쓸지 따져 보는 습관

돈도 마찬가지입니다. 책상 서랍을 열 때마다 5만 원짜리가 가득 채워져 있다면 기회비용을 생각할 필요 없이 갖고 싶은 것을 다 사면 되겠지만 현실은 그렇지 않죠. 사고 싶은 것, 쓰고 싶은 데는 많지만 지갑 사정은 늘 빠듯한 경우가 대부분입니다. 그래서 경제활동에는 한정된 돈을 어디에 어떻게 쓰는 게 가장 현명한지 따져 보는 습관이 중요하다고 이야기하는 거예요. 길게 설명하는 것보다 여러 가지 선택의 순간을 함께 생각해 보는 편이 나을 것 같네요.

어릴 때 저의 취미는 피아노 연주였습니다. 저희 집 거실에는 초등학생 때부터 피아노가 놓여 있었어요. 그런데 기자로 일하면서는 너무 바빠서 한 달에 한두 번 밖에 피아노 칠 시간이 없더라고요. 몇 년 지나니 피아노는 거의 장식장 신세가 되었어요.

어느 날 집주인인 아버지가 저에게 피아노를 파는 것이 어떨지

의견을 물어 왔습니다. "현아, 요즘 부동산 가격을 감안하면 저 피아노가 차지하고 있는 땅값이 1,000~2,000만 원쯤 되는 것 같다. 피아노가 지금 너에게 그 정도 가치가 있는 취미일까?" 생각해 보니 피아노를 치는 시간이 이제는 그 정도로 가치가 있는 건 아닌 것 같았어요. 정든 피아노를 팔았습니다. 지금은 부모님 집에서 독립해 더 넓은 집에 살게 됐는데요. 가끔 추억이 떠오르면 그 피아노가 그립긴 하지만, 피아노를 다시 살 마음이 없는 것을 보니 합리적인 선택이었던 것 같습니다.

여러분에게 50만 원이 생긴다면 그 돈을 어디에 쓰고 싶나요? 저는 요즘 스마트워치를 사고 싶어서 자기 전에 사용 후기를 검색해 보곤 합니다. 자전거 타는 것도 좋아하는데, 집 근처에 언덕이 있어서 오르막길도 편하게 올라갈 수 있는 전기자전거도 갖고 싶어요. 여윳돈이 생긴 김에 영어 학원에 다니면서 녹슬었던 영어 실력을 다시 닦는 것도 괜찮을 것 같네요. 아참, 얼마 뒤에 어머니 생신이 돌아오는데 근사한 저녁 식사에 이 돈을 쓸 수 있겠다는 생각도 드는군요.

흠…… 고민 끝에 저는 가족과 식사하는 데 이 돈을 쓰기로 결정했습니다. 스마트워치가 눈에 밟히지만, 그것보다 가족들이 맛있는 음식 덕분에 2시간 정도 행복해하는 것이 제게 더 가치 있다고 판단했기 때문이에요. 사실 꼭 써 버릴 필요가 없다고 하면

이 돈을 보태서 구글이나 아마존 주식을 사 두고 싶기도 합니다. 투자를 해서 5년 뒤에 60만 원으로 돈을 불릴 수 있다면 그때 느낄 만족감이 지금 50만 원을 썼을 때의 만족감보다 클 것 같아서 그렇습니다.

비행기를 타 본 경험이 있다면 이런 생각을 할 수도 있어요. 대한항공 같은 '국적 항공사' 비행기는 푯값이 비싸지만 비행기 안에서 제공되는 서비스가 많습니다. 다른 나라로 이동하는 항공편은 식사도 제공하죠. 반면 제주항공·진에어 같은 저비용 항공사 비행기는 푯값이 쌉니다. 대신 6~7시간을 날아 다른 나라로 가는 여정에도 밥을 주지 않죠. 티켓을 싸게 살 수 있지만 자리가 좁고 기내식이 나오지 않는 것을 감수해야 합니다.

요즘 소비자들이 자주 쓰는 표현 중에 '가성비'라는 말이 있죠. '가격 대비 성능'을 뜻하는 말입니다. 최고 사양은 아니지만 가격이 비싸지 않으면서 성능도 그럭저럭 괜찮은 제품을 가리켜 가성비가 좋다고 하잖아요. 제품을 사기 위해 지출해야 하는 비용과 암묵적비용을 함께 생각하는 기회비용의 개념이 녹아 있는 표현이라고 할 수 있겠네요.

아, 그렇다고 모두에게 가성비 좋은 제품이 최선의 선택인 것은 아닙니다. 아무리 가격이 적당하고 성능이 우수해도 디자인이라든지 새 제품을 샀을 때의 기쁨이라든지 다른 요소를 더 중요하게 생각하는 사람도 있으니까요. 그래서 주관적인 만족감을 뜻하는 '가심비'라는 신조어도 뒤따라 나온 것이겠죠.

중요한 선택 앞에서 계산을 잘하는 능력

이 기회비용에 대한 감각은 사실 돈을 벌고 쓸 때만 필요한 것은 아닙니다. 저는 인생에서 중요한 선택을 해야 할 때, 해야 할 일이 너무 많아 스트레스를 받을 때 기회비용에 대해 곰곰이 생각해 보곤 해요. 앞에서 책 읽는 시간의 가치를 따져 보는 예를 든 것처럼 말이에요. 이를테면 중간고사까지 사흘밖에 남지 않았는데 전 과목을 완벽하게 공부하기는 이미 늦었다는 생각이 들 때 우리는 선택을 해야 하잖아요. 단기간에 집중해서 외우면 90점은 맞을 것 같은 암기과목에 집중할 것인가, 아니면 지금 대충 공부하고 넘어가면 기말고사에까지 영향을 끼칠지 모를 수학 공부에 더 매달려 볼 것인가 하는 선택 말이죠.

저는 사실 이 책을 쓰면서 기회비용을 계속 가늠해 보고 있습니다. 회사 업무도 봐야 하고, 이 책 말고 다른 글도 써야 하고, 가족이나 친구와 '근황 토크'도 해야 하고, 또 운동도 해야 하는데 그걸 다 하면서 책까지 쓰려면 시간을 돌릴 수 있는 헤르미온느의 마법 시계 없이는 불가능하거든요. 어느 것이 지금 나한테 제일 가치 있을까, 책을 쓰는 시간을 확보하기 위해 어떤 일을 포기하는 것이 제일 덜 손해일까 스스로 저에게 물어보고 있습니다.

직업을 선택할 때도 기회비용을 생각해 볼 수 있어요. 저는 대학교를 졸업하고 언론사 입사 시험 준비를 1년 넘게 했습니다. 취업 준비생, 다른 말로는 백수였죠. 통장 잔고는 하루하루 줄어 갔습니다. 같은 과 동기들은 일반 기업이나 은행에 취업했다는 소식이 들려오는데 저는 바늘구멍 같은 기자 시험에 통과하기 위해 매일 글 쓰는 연습만 하고 있었죠. 대기업 직원, 은행원 월급이 제가 기자가 되기로 한 선택의 기회비용이었습니다.

'내가 기자가 될 수 있을까? 기자가 되기 위해 글을 쓰고, 뉴스를 읽고, 공부할 시간에 다른 취업을 준비해야 하는 것은 아닐까?' 고민이 많았습니다. 그렇지만 반대로 제가 기자가 아닌 회사원이 될 경우 기회비용을 생각해 보니 아직 포기하고 싶지 않았습니다. 제게는 글과 말로 세상과 소통하는 일이 무척 중요하거든요.

기자가 된 후로도 기회비용을 떠올리곤 했습니다. 사건이 터지면 퇴근하다가도 다시 취재를 하러 가야 하고, 갑자기 돌아올 기약도 없이 출장을 가야 할 때도 있어요. 친구들이 다 쉬는 주말과 공휴일에도 일하는 날이 많았습니다. 너무 바빠서 친구들이 모두 모이는 자리에 저만 빠지기 일쑤, 가족들과 시간을 보내기도 어렵고 심지어 연애하기도 정말 힘들었어요. 데이트 상대와 시간 맞추기가 어렵고 연락도 제때 받지 못하니까요. 이 모든 것이 제가 기자라는 직업을 택하면서 지불한 비용인 셈이죠.

뉴스에도 기회비용이 있습니다. 뉴스를 내보낼 수 있는 시간과 취재 인력은 한정되어 있습니다. 세상의 모든 사건을 다 취재할 수는 없어요. 그렇다면 시청자에게 오늘 꼭 알려야 할 뉴스가 무엇일지 선택해야 합니다. 이를테면 이현 기자가 책을 썼다는 뉴스와 BTS가 유엔에서 연설을 했다는 뉴스 중 어느 것이 더 많은 시청자에게 중요할지 말입니다. 그래서 실제로 언론사 보도국에서는 매일 아침 기자들이 제출한 아이템을 모아 놓고 어떤 것을 보도할지 고르는 회의를 열어요.

한국 사회에서는 사실 이렇게 기회비용을 잘 따지는 사람을 두고 "계산적이다", "셈이 빠르다"라고 부정적으로 표현하는 경향이 있습니다. 그런데 저는 중요한 선택 앞에서 계산을 잘하는 것이 좋은 어른이 되기 위해 꼭 필요한 능력이라고 생각합니다. 계산을 잘해야 후회하지 않고, 계산을 잘하면 다른 사람들이 무언가를 포기하고 나에게 잘해 준 것도 잘 보이거든요. 기회비용을 잘 따지는 것이 나쁜 것이 아니라 자기 자신만 중요하다고 생각하는 지나친 이기심이 나쁜 거죠.

3. 돈에도 가격이 있다고?

금리

요즘 은행에 1,000만 원을 맡겨도 1년 이자가 20만 원이 채 안 됩니다. 그런데 예금금리가 20%가 넘는 은행이 있다고 해서 현 기자가 나가 있습니다. 현장 연결합니다. 현 기자?

네, 이현입니다.

그 은행이 어디입니까? 서울이면 당장 저부터 통장 만들러 가고 싶군요.

서울이긴 합니다만, 1980년입니다. 시내에 있는 ○○은행 영업점인데요, 창구에 1년 만기 정기예금의 금리를 물었더니 은행원이 연 24%라고 알려 줬습니다.[1]

아니 그럼 100만 원을 맡기면 24만 원을 더 주는 건가요?

맞습니다. 정확히는 이자에 대한 세금을 조금 떼는데 그래도 22만 5,000원 정도를 받아 갈 수 있습니다.

은행 예적금 금리가 그렇게 높으면 주식이나 부동산투자 등을 공부할 필요 없이 그냥 저축만 해도 되겠네요.

(들뜬 표정) 그래서 저도 취재할 겸 예금통장을 하나 만들었는데요, 1년 뒤면 부자가 될지도 모르겠습니다. 하하!

현 기자, 그런데 ○○은행은 지금은 없는 은행인데 혹시 40년 사이에 망한 은행 아닌가요?

…….

금리는 금융거래의 기본

지난 설날에 받은 세뱃돈을 혹시 모아 두었나요? 저는 초등학교 1학년부터 고등학교 졸업 전까지 12년 동안 세뱃돈을 전부 통장에 넣어 놨어요. (요즘은 스마트폰 은행 앱을 많이 쓰니 종이로 만든 '통장'이란 표현이 낯선 분들도 많겠죠?) 현 기자가 취재하고 온 1980년대만큼 금리가 높지는 않았지만, 그래도 꼬박꼬박 저축해서 100만 원쯤 모았더니 1년에 5만 원 정도를 이자로 받을 수 있었답니다. 사고 싶은 게 있어도 1년 꾹 참았다가 은행에서 받은 이자로 살 때의 그 쾌감이란! 그런데 요즘은 정기예금 금리가 너무 낮아서 세뱃돈을 다 써 버리지 말고 저축하라고 여러분에게 잔소리하기는 좀 어렵네요.

경제활동이 벌어지는 시장은 이론적으로 2가지로 나눌 수 있습니다. 먼저 물건, 혹은 서비스를 사고파는 눈에 보이는 '실물시장'이 있어요. 어른들이 회사에 출근해 일하고 월급을 받는 것, 여러분이 집에서 배달앱으로 치킨을 주문해 먹는 것, 자동차 회사가 자동차를 만들어 수출하는 것 모두 실물경제의 이야기죠.

다른 하나는 '금융시장'이라는 눈에 보이지 않는 시장입니다. 돈과 돈이 오가는 시장이죠. '금융'이라는 말 자체가 돈을 융통한다는 뜻이거든요. 그러니까 돈을 빌리고 빌려주는 것이 금융입니다. 은행이나 증권사를 통해서 이뤄지는 일들, 혹은 친구랑 놀러 나갔다가 1만 원을 빌리고 일주일 뒤에 용돈을 받아 갚는 것까지 모두 금융이라고 할 수 있어요. 이 금융 거래의 기본이 되는 것이 바로 금리입니다.

경제와 관련된 일을 하는 사람들은 모두 이 금리를 관심 있게 봐요. 경제 뉴스를 보도하는 현 기자도, 주식투자를 하는 펀드매니저도, 경제정책을 만드는 공무원도, 대출을 받아 넓은 집으로 이사 가려는 어른들도 금리에 아주 민감합니다. 개인의 입장에서는 어디에 투자하는 것이 좋을지 판단하는 데 금리가 중요한 기준이 되기 때문이죠. 현 기자가 취재한 1980년처럼 이자율이 20%가 넘는 예금 상품이 요즘에도 있다면 너도나도 줄을 서서 가입하려고 할 거예요. 그런데 지금은 돈값이 너무 싸니까 여윳돈을 은행에 넣지 않고 주식을 사거나 부동산에 투자하는 사람들이 많은 것이죠.

금리는 쉽게 표현하면 돈값이에요. 돈 자체에 가격이 있는데 무슨 소리냐고요? 정확히는 돈을 빌려주거나 빌릴 때 오고 가는 대가라고 할 수 있겠네요. 금리를 다른 말로 표현하기도 합니다. 우리가 은행에 돈을 빌려주거나(예·적금) 반대로 은행에서 돈을 빌릴 때(대출)는 이자율이라고도 하고, 채권시장에서는 할인율이라고도 하는데 그게 다 금리입니다. '금리'라는 말이 어려우면 일단 그냥 이자율, 이율이라고 생각해도 큰 문제는 없습니다.

경제 교과서를 보면 금리를 결정하는 요인들이 복잡하고 어려울 수 있는데, 생각보다 우리는 본능적으로 금리의 개념을 잘 알고 있어요. 예를 들어볼게요. 제 친구 혜인이가 급하게 100만 원을 빌려 달라고 합니다. 내년에 갚겠다면서요. "이자는 얼마나 줄 수 있어?" 하고 물어봤는데 미안하지만 이자는 못 주고 원금 100만 원만 돌려주겠다네요. 그런데 옆에서 듣고 있던 다른 친구 보아가 자기도 돈을 구하고 있던 참이라면서 100만 원을 빌려주면 내년에 이자 10만 원과 같이 갚겠다고 합니다. 둘 다 친한 친구라면 제 마음은 아무래도 보아에게 100만 원을 빌려주는 쪽으로 기울겠죠.

또 다른 예를 들어 볼까요. 5월의 어느 날, 날씨가 좋아서 제주도에 여행을 가려고 비행기표를 샀습니다. 왕복 15만 원이라 생각보다 비싸네요. 이번 달에 어버이날도 있고, 기다리던 가수의 정규앨범도 나올 예정이라서 돈 쓸 일이 많아요. 그런데 동생이 갑자기 체육복에 구멍이 나서 새로 사야 한다며 10만 원을 빌려 달래요. 난감합니다. 눈치를 보던 동생이 "언니, 그러면 내가 내년 설날에 세뱃돈 받으면 15만 원으로 갚을게"라고 제안합니다. 어떤 것 같아요? 5만 원의 이자라면, '최애' 가수의 앨범 1장쯤은 지금 포기할 만한가요?

이렇게 돈의 가치는 상황에 따라 달라집니다. 돈을 구하기 쉬워지면 돈값이 내려가고, 돈을 구하기가 어려우면 돈값은 비싸져요. 지금 당장 돈으로 할 수 있는 일이 얼마나 많은지, 미래의 돈값은 어떻게 될 것 같은지 등도 금리에 영향을 미칩니다. 상황과 시점에 따라 돈값에 차이가 있기 때문에 돈을 빌려주려는 사람과 빌리려는 사람이 있고 '투자'라는 것이 가능하죠. 또 한 가지, 신용도가 높을수록 금리가 낮습니다. '저 사람이 책임지고 내 돈을 갚을 것 같은가' 의심의 눈초리로 관찰해 보고 믿을 만하다는 판단이 들 때 신용이 높다고 해요.

정부나 기업은 '채권'이라는 것을 만들어 파는 방식으로 돈을 빌립니다. 채권은 정부나 회사가 돈을 빌릴 때 얼마를 언제까지 갚겠다는 약속을 적어 둔 일종의 차용증서라고 할 수 있어요. 보통 중앙정부가 발행하는 국고채의 금리가 일반기업이 발행한 회사채 금리보다 낮습니다. 1년에 망해서 문 닫는 회사는 한둘이 아니지만, 국가가 파산하는 경우는 톱뉴스에 나올 정도로 정말 드문 일이죠. 국가의 신용이 더 높으니까 더 싼값에 돈을 빌릴 수 있습니다. 반대로 신용이 낮으면 돈을 돌려받지 못할 위험이 크다고 판단해서 빌려주는 쪽에서 값을 톡톡히 매깁니다.

금융소비자로서 우리는 돈을 맡길 때 이자율, 수익률이 높은 상품일수록 숨어 있는 위험이 크다고 생각할 필요가 있습니다. 아주 가끔 맡긴 돈(원금)을 까먹을 위험도 없고 믿을 만한 상품인데 돈값을 잘 쳐줄 때가 있어요. 금융 앱이나 은행에서 홍보 목적으로 특별 판매하는 예금, 적금 상품이 대표적인데요.

돈을 빌리고 빌려주는 금융의 세계에서도 "공짜 점심은 없다"라는 말이 유효합니다. 옛날 미국의 서부 개척 시대에 술집에서 일정 금액 이상 술을 사 마시면 밥을 공짜로 준다고 광고를 했대요. 얼핏 보면 공짜 점심 같지만 사실 술을 한 잔만 마시려고 들어갔다가 공짜 밥을 받으려고 많이 마시게 되니까 손님 스스로 '공짜 점심' 값을 부담하는 셈이잖아요.

앞서 말한 돈값을 잘 쳐주는 금융상품도 마찬가지인데요. 당장 통장에서 수수료가 빠져나가는 것처럼 눈에 보이는 비용이 없을 때 '공짜 금리' 같아 보일 수 있지만, 사실 우리는 비용을 지불하고 있습니다. 일단 한번 계좌를 만들면 앞으로도 계속 그 은행이나 모바일 앱을 쓰기 쉽죠. 금융회사 입장에서는 앞으로 다른 상품을 계속 살 고객을 확보한 셈입니다.

또 고객이 많이 모일수록 이름이나 연락처처럼 마케팅에 필요한 고객 정보를 모을 수 있죠. 연령대, 자산 규모, 지출 패턴 등 새로운 서비스 개발에 유용하게 쓰일 고객 데이터를 확보하기

술을 마시면
점심을 준다고?

공짜!

쉽다는 뜻입니다. 결국 회사가 받아 갈 것이 있어서 주는 이자니까, '특별 우대'라고 홍보하는 금융상품이 있어도 공짜라고 할 수는 없죠.

앞으로 살면서 "이거 정말 대박인데!" 싶은 상품을 한두 번쯤 만나게 될 겁니다. '이렇게 쉽게 이런 수익률이 가능하다고? 은행에 맡겨 봐야 금리가 2%밖에 안 되는데, 여기에 맡기면 30%가 넘는다고?' 하고 의심하며 지켜보다가도, 주변 사람들이 너도나도 돈을 투자했다고 하면 '이렇게 많은 사람이 들어간 상품인데 별일이야 있겠어? 가만히 있으면 바보다' 하는 마음이 들 수도 있을 거예요.

그런데 제가 경제부 기자로 일하면서 경험한 바에 따르면 돈값을 많이 쳐주는 상품은 반드시 이유가 있습니다. 사기일 가능성도 크고요. 마땅한 이유 없이 돈값을 잘 쳐주겠다는 사람은 꼭 의심해 봐야 합니다. 걱정스러운 마음에 이야기가 산으로 가 버렸네요. 다시 금리 이야기로 돌아가죠.

금리는 중앙은행 마음먹기 나름

금리도 물건 가격처럼 수요와 공급에 따라 바뀝니다. 코로나19가 처음 확산되던 2020년 봄을 떠올려 볼까요? 마스크 사려고 약국 앞에 긴 줄이 늘어섰죠. 마스크 사려는 사람은 많은데 공급은 제한돼 있으니까 마스크 가격이 천정부지로 뛰었고요. 돈도 마찬가지입니다. 돈을 구하려는 사람이 많을수록 시중에 구할 수 있는 자금이 적을수록 금리가 오릅니다.

그런데 사실 금리는 수요와 공급 말고 중앙은행 마음먹기에 따라서도 많이 달라져요. 한국은행에서 정하는 '기준금리' 이야기인데요. 나라마다 중앙은행이 하나씩 있습니다. 우리나라에는 한국은행이 있죠. (맞아요, 지폐에 써 있는 그 한국은행이요!) 미국에는 연방준비제도, 일본에는 일본은행, 중국에는 중국인민은행이 있어요.

이런 중앙은행은 물가가 너무 높지는 않은지, 시중에 돈이 잘 돌고 있는지 살펴봅니다. 물가가 너무 높다 싶으면 돈을 거둬 가고, 돈이 안 돌고 불황이 올 것 같다 싶으면 돈을 풀어요. 이때 쓰는 방법 하나가 기준금리를 올리거나 내리는 것입니다.

기준금리는 한국은행 같은 중앙은행이 시중은행과 거래할 때 기준으로 삼는 금리입니다. 갑자기 예금을 인출하려는 고객이 늘어날 때를 대비해서 은행들이 한국은행에 돈을 맡겨 두기도 하고, 반대로 대출상품을 더 많이 팔고 싶은데 빌려줄 돈이 부족할 때 한국은행에서 싼 금리로 돈을 빌려오기도 하거든요. 그래서 한국은행을 '은행들의 은행'이라고 하죠.

한국은행이 기준금리를 내리면 시중은행들이 전보다 싸게 돈을 구할 수 있잖아요. 그러면 순차적으로 시중은행에서 사고파는 상품의 예금금리가 낮아지니까 은행에 돈을 맡기려는 사람은 줄고 차라리 그냥 돈을 써 버리려는 사람이 늘어나겠죠. 대출금리가 낮아지면 기업은 투자자금을 빌리기가 수월해지겠죠? 기준금리를 낮췄더니 물건이 많이 팔리고 기업들도 생산 활동이 활발해지고 경기가 조금 살아나는 것 같습니다. 이런 식으로 한국은행은 기준금리를 정하는 권한으로 우리나라 전체 금리 수준에 영향을 미칩니다.

그런데 금리는 낮아야 좋을까요, 높은 편이 더 좋을까요? 금리를 제대로 이해하려면 돈을 빌리는 사람과 빌려주는 사람 양쪽 입장에서 생각해 볼 필요가 있습니다. 은행에 여유자금을 저축하려는 사람이라면 금리가 낮은 것이 불만입니다. 그러면 금리가 높아야 좋은 것 같지만, 장사가 잘 안 돼서 생활비를 빌려야 하는 가게 사장님이라면 금리가 낮아서 대출이자 부담이 적은 것이 좋겠죠. 큰 공장을 새로 짓기 위해 대출을 받으려던 사업가도 같은 이유로 금리가 높아지면 걱정이 많아집니다. 가게가 잘돼야 아르바이트생도 한 명 더 채용할 수 있고, 회사가 돈을 많이 벌어야 제 월급도 오를 테니까, 금리가 낮아서 좋은 면도 있는 거죠.

4. 직구 운동화 가격은 왜 자꾸 달라질까?

환율

오늘은 현 기자가 환율에 대해 취재했다고 합니다. 현장에 나가 있는 현 기자 불러 보죠. 현 기자, 연결돼 있습니까?

네, 저는 지금 1985년 9월 22일 뉴욕 맨해튼 플라자호텔 앞에 나와 있습니다.

그날 무슨 일이 벌어진 건가요?

오늘 이곳에서 미국, 프랑스, 독일, 영국, 일본 이렇게 다섯 나라 재무장관회의가 열렸습니다. 이 자리에서 일본이 엔화 가치를 올리기로 합의했습니다. 회담 장소를 따서 이를 '플라자 합의'라고 부릅니다. 이 사건으로 달러/엔 환율은 달러당

250엔 수준에서 3년 뒤엔 120엔 수준까지 내려가게 됩니다. 엔화 가치가 2배로 뛴 셈이죠.

아니 환율을 인위적으로 갑자기 그렇게 바꿀 수가 있습니까? 그럴 이유가 뭔가요?

말이 '합의'지 사실상 미국이 일본에 요구한 것인데요. 미국은 일본 제품을 많이 수입하는데, 일본은 그만큼 미국 제품을 사 주지 않아서 무역 불균형이 발생하니 통화가치를 올려서 이 문제를 해결하려고 일본을 압박한 결과입니다.

조금 어렵네요. 엔화 값이 비싸지면 미국에 어떤 이득이 있는지 다시 한번 설명해 주시죠.

그렇게 되면 일본의 수출품은 가격경쟁력이 떨어지는 반면, 미국의 제품은 해외에서 경쟁력을 얻게 됩니다. 예를 들어 일본에서 250엔짜리 볼펜을 미국에 수출할 때 미국 소비자들은 1달러로 살 수 있었지만, 엔화 가치가 올라가면서 똑같은 볼펜이 2달러로 비싸지니까 수요가 줄어들겠죠.
반대로 미국 기업이 만든 1달러짜리 미키마우스 공책은 일본에 수출할 때 250엔을 받고 팔아야 했지만, 앞으로는 120엔만 받아도 미국이 달러로 받는 돈은 똑같습니다. 그러니 미국 입장에서 일본에 대해 수출경쟁력이 생기게 됩니다. 화제의 신간 <<금융 프렌즈가 우릴 기다려>>를 끝까지 읽어 보시면 좀 더 쉽게 이해하실 수 있습니다. 지금까지 1985년 뉴욕에서 현 기자였습니다.

미국 돈이 전 세계에서 쓰이는 이유

어른이 되었다고 해서 어릴 적에 기대했던 것만큼 좋은 점이 많지는 않지만, 자유롭게 여행을 다닐 수 있다는 것만큼은 정말 신이 납니다. 내가 열심히 일해서 번 돈으로 가는 여행이니 혼자서도 마음대로 훌쩍 떠날 수 있거든요. 초록빛 지중해에서 수영도 하고, 홋카이도에서 스노보드도 타고, 발리에서 스노클링을 하며 바다거북도 보고, 파리에서 피카소미술관을 천천히 둘러보기도 하면서 말이죠. 여행을 떠나기 전 여행지에서 쓸 외국 돈을 환전할 때의 그 설렘을 여러분도 몇 년 뒤에는 꼭 느껴 보면 좋겠습니다.

우리나라에서는 한국은행이 발행한 원화(₩)를 쓰지만, 비행기를 타고 바다를 건너면 이 돈으로는 밥을 사 먹을 수도 없고 자판기에서 음료수를 뽑을 수도 없습니다. 나라마다 통화단위가 다르기 때문이죠. 즉, 쓰는 돈이 다릅니다. 대표적인 외국 돈(외환)은 미국 달러화($), 일본 엔화(¥), 유럽연합 유로화(€), 영국 파운드화(£), 중국 위안화(¥) 등이 있습니다. 이 정도 외국 돈까지는 환전 업무를 보는 국내 시중은행에서도 어렵지 않게 살 수 있어요.

제가 해외로 여행이나 출장을 가서 사용했던 통화가 뭐가 있었나 생각해 봤는데요. 달러, 엔, 유로, 파운드, 위안 외에도 터키 리라, 인도 루피, 덴마크 크로네, 뉴질랜드 달러, 홍콩 달러, 칠레 페소, 태국 밧, 러시아 루블 등등 정말 다양한 돈을 만났네요. 이런 낯선 통화는 우리나라에서는 환전하기 어렵습니다.

이런 나라로 여행 갈 때는 요령이 있어요. 일단 여행 경비를 국내에서 달러로 바꿔서 지갑에 넣고 비행기를 탑니다. 그리고 목적지에 도착하면 달러를 들고 환전소에 가서 현지 통화로 바꿉니다. 요즘은 해외에서도 카드 결제가 잘 되지만, 제가 해외여행에 눈을 뜨기 시작한 2000년대에는 선진국이 아니면 카드 결제가 안 되는 곳이 더 많았어요. 그래서 이런 식으로 여행 경비를 전부 달러로 바꿔 놓고, 여행지에서 하루나 이틀에 한 번씩 필요한 만큼 환전해서 쓰곤 했답니다.

한국 원화와 달리 미국 달러는 세계 어느 나라에서나 통용되는 기축통화입니다. 기축통화는 국제간의 결제나 금융거래의 기본이 되는 화폐를 말해요. 우리가 지금 바로 비행기를 타고 인도 뉴델리의 어느 동네 환전소에 찾아가서 달러를 내밀며 루피로 바꿔 달라고 해도 환전 수수료만 내면 그렇게 해 줄 거예요. 심지어 북한에서도 대한민국 원화는 취급을 안 하지만 달러는 받는답니다. 지금은 북한과 민간교류가 아예 중단된 상태지만, 예전에 금강산 관광특구에 갔을 때 기념품 가게에서 달러로 '금강산 토종꿀' 1병을 사 왔던 기억이 납니다. 정말 세계 어느 나라에서든 미국 달러화는 다 통하는구나 싶더라고요.

자국 경제가 미성숙하거나 불안정한 나라의 경우 자기네 통화보다 달러화를 선호하기도 합니다. 2021년 개봉한 영화 〈모가디슈〉에는 1991년 소말리아 내전 당시 모습이 묘사되어 있는데요. 소말리아 돈 실링을 가방 한가득 담아 들고 가게에 가도 물건 하나 살 수 없고, 정부군조차도 병력 지원 대가로 달러화만 받는 장면이 나옵니다.

달러가 유엔에서 발행한 통화도 아니고, 그냥 미국 통화인데 전 세계에서 사용될 수 있는 이유는 미국이라는 나라의 힘에 있습니다. 국제 거래에서 해당 통화가 가장 많이 쓰일 정도로 경제 규모가 크고, 군사력도 강해서 전쟁 등으로 국가가 위험에 처할 가능성이 아주 낮기 때문에 미국의 돈은 절대 휴지 조각이 될 일이 없다고 믿기 때문이죠.

19세기 후반에서 20세기 초반에는 영국 파운드화가 기축통화였습니다. 경제력도 군사력도 영국이 세계 최강이었으니까요. 그런데 1차 세계대전 이후로 영국 경제는 쇠락하고 미국이 세계에서 가장 강한 나라로 떠올랐습니다. 자연스럽게 기축통화의 자리도 미국 달러에 돌아가게 되었고요.

환율은 누가 정할까?

앞에서 금리라는 돈값이 어떻게 변하는지 이야기했죠? 이제 환율 이야기를 해 보려는데 환율은 금리의 글로벌 버전이라고 생각하면 됩니다. 환율은 한 국가의 통화 가격을 다른 통화로 표시한 것입니다. 다른 나라 돈값과 우리나라 돈값을 비교한 것이라고 할 수 있어요.

대부분의 통화 가격은 관행적으로 기축통화인 미국 1달러를 기준으로 표시합니다. 1달러의 가치와 한국 원화 1,100원의 가치가 같게 평가될 때 "환율은 달러당 1,100원"이라고 하죠. 혹은 "원달러환율이 1,100원"이라고도 불러요. (달러화를 원화로 표현한 것이라서 원래는 '달러원환율'이라고 불러야 맞는데 관습적으로 '달러화/원화'라고 쓰고 말로는 '원달러환율'이라고 읽습니다) 마찬가지로 미국 1달러의 가격은 1,100원이면서, 일본에서는 110엔이고, 중국 돈으로는 180위안으로 표시할 수도 있습니다.

인터넷 검색창에 '원달러환율'을 검색해 보세요. 이 글을 쓰고 있는 지금은 1달러가 1,187원이네요. 여러분이 책을 읽고 있는 오늘은 1달러를 원화 얼마와 바꿀 수 있나요? 환율이 올랐다면 원화 가치는 내려가고, 달러 가치는 올라갔다는 뜻이겠죠. 이럴 때 "달러가 강세다", "강달러다", "달러 가치 절상"이라고 표현합니다.

환율이 내렸다면 반대로 달러 가치는 절하됐고, 원화가 강해졌겠네요. 해외 통화에 대한 원화 환율과 원화 가치가 반대라고 기억하면 됩니다.

우리나라를 비롯해 대부분의 경우 환율은 다른 시장과 마찬가지로 외환시장의 수요와 공급에 따라 정해집니다. 달러를 필요로 하는 사람이 많으면 달러 가치가 올라가고, 일본 엔화가 필요한 사람이 많다면 엔화 가치가 올라가는 식으로요. 환율을 고정시키지 않고 시장의 흐름에 맡겨 두는 방식을 '변동환율제'라고 합니다.

외국 돈을 거래하는 시장을 외환시장이라고 하는데요. 작게는 환전상부터 은행의 외환거래 취급 창구, 은행들끼리 외환을 주고받는 현장, 요즘에는 스마트폰으로 미리 환전을 하고 공항에서 맡겨 둔 외환을 찾아갈 수도 있으니 스마트폰 은행 앱까지 다 외환시장으로 볼 수 있어요.

외환시장 밖의 다른 경제 여건도 장기적으로 환율에 영향을 미칩니다. 한 나라 통화의 가치라는 것은 결국 그 돈으로 물건, 서비스, 혹은 노동력을 얼마나 살 수 있는지 구매력을 나타내는 것이기도 해요. 그래서 그 나라 물가수준에 따라서 통화가치가 다르고, 또 다른 나라와의 물가수준 차이에 따라 환율이 달라지죠. 생산성이 높은 나라일수록 그 나라 통화가치가 올라가기도 합니다. 생산성이 높은 나라에는 투자하고 싶은 외국인이 많아질 테니까요.

환율이 시장의 수요와 공급에 따라 알아서 정해지게 놔두지 않는 국가들도 있습니다. 정부가 환율을 관리하는 중국이 대표적인 나라예요. 중국의 중앙은행인 중국인민은행이 미국 달러화를 비롯해 주요 통화가치를 평균 내서 이걸 기준으로 환율을 정해 매일매일 발표하거든요. 중국 정부가 공식적으로 붙인 이름은 '바스켓 통화 변동환율제'인데, 일반적으로 '관리변동환율제'라고 부릅니다. 사실상 '고정환율제'로 보는 사람도 있어요. 정부 의지에 따라 위안화의 환율을 올리거나 내릴 수 있기 때문이죠.

수출로 먹고사는 나라는 환율에 민감하다

외국에 나가지 않고 한국에서만 살더라도 환율은 정말 중요합니다. 일단 환율은 무역에 엄청나게 영향을 미칩니다. 환율에 따라 수출품의 매력도가 달라지니까요. 앞서 설명한 '플라자합의'의 이유도 이것 때문이었죠.

아주 쉽게 예를 들어 볼게요. 제가 아마존닷컴에서 100달러짜리 나이키 운동화를 사려고 찜해 놨어요. 환율이 1달러당 1,100원이어서 '11만 원이구나, 살까 말까 고민된다' 하다가 잠이 들었죠. 그런데 일주일 뒤에 다시 보니까 원달러 환율이 1,000원으로 내려가서 같은 운동화를 10만 원만 줘도 살 수 있게 됐어요. 환율만 바뀌었는데 가격이 1만 원 싸진 거죠. 한국의 다른 직구족들도 사고 싶은 마음이 더 커졌겠죠?

이런 이유로 수출하는 나라 입장에서는 환율을 높게, 그러니까 자국 화폐가치를 낮게 유지하는 것이 좋습니다. 같은 값을 받고 팔지만 국제시장에서 가격경쟁력이 높아지니까요. 반대로 수입품은 전보다 비싼 값에 사 와야 하니 수입하는 회사에게는 악재겠죠.

1985년 당시 미국은 무역수지 적자가 고민이었습니다. 무역수지가 적자라는 것은 수출액보다 수입액이 많다는 의미입니다. 미국은 1970년대에 어마어마하게 물가가 올라서 그걸 잡으려고 중앙은행인 연방준비제도가 기준금리를 20% 가까이 올렸거든요. 금리가 돈값 아닙니까. 미국 달러 가치도 그만큼 치솟았죠. 미국 수출 기업 입장에서 달러로 표시된 물건의 가격이 높아지니 수출 경쟁력은 떨어졌죠.

반대로 제조업으로 독일과 어깨를 나란히 하게 된 일본의 수출 기업 입장에서는 상황이 좋아졌습니다. 엔화로 표시한 가격은 전과 같은데, 달러로 표시하면 전보다 가격이 낮아지니까 미국에 물건을 팔기 너무 좋아졌죠. 물가가 안정된 후 미국은 기준금리를 다시 낮췄지만 여전히 일본에서 수입한 제품은 많이 팔리고, 미국의 수출은 그만큼 살아나지 못했습니다. 그래서 무역수지를 흑자로 돌려 보려고 플라자 호텔에서 일본에 인위적으로 엔화 가치를 올리라고 압박한 거예요.

한국도 수출로 먹고사는 나라라서 환율에 무척 민감합니다. 우리나라의 큰 기업들이 반도체, 배터리, 자동차 등을 만들어서 해외에 팔아 돈을 벌거든요. 수출을 많이 하려면 '달러/원(이라 쓰고 원 달러라고 읽는)' 환율이 높은 쪽이 유리합니다.

그럼 환율이 높은 게 무조건 좋겠다 싶지만 그렇지도 않습니다. 일단 수입품 가격이 오르니 국내 물가가 올라갈 수 있고요. 환율이 갑자기 많이 오르면 금융시장에서 돈이 급격하게 빠져나갈 수도 있어요. 한국의 주식, 채권을 샀던 외국인들은 결국 투자금을 다시 달러로 바꿔야 하는데, 환율이 급등하면 손해를 볼 수도 있어서 그렇습니다.

한국 시장을 떠나려는 외국인 투자자들이 달러로 환전을 하다 보면 우리나라에 있는 달러가 다 떨어져서 외국에 넘겨야 할 대금을 못 넘길 수도 있고, 금융위기가 일어날 수도 있습니다. 1997년의 IMF 외환위기 같은 일이 벌어질 수 있는 거죠.

그래서 변동환율제라도 정부가 시장을 안정시키기 위해 개입할 때가 있는데요. 일단 구두 개입을 합니다. "이런 식이면 정부가 시장에 개입하겠습니다"라고 언론을 통해 메시지를 전달하는 거죠. 부모님이 "이제 TV 그만 보고 공부하는 게 좋지 않을까?"라고 말로 의사를 전달하는 것처럼요. 그래도 진정이 안 되면 정부가 채권을 발행하거나, 중앙은행이 평소에 모아 둔 외환을 꺼내서 시장에 내다 파는 등 다른 방법을 동원합니다.

5. 은행마다 맡은 미션이 있다

은행의 역할

○○저축은행이 영업정지 처분을 받을 수도 있다는 소식에 영업점은 종일 돈을 찾으려는 사람으로 붐볐다고 합니다. 현장에 나가 있는 현 기자에게 무슨 일인지 확인해 보겠습니다. 현 기자, 나와 있나요?

네. 제가 나와 있는 이곳은 서울 강남의 한 대형 저축은행 영업점 앞입니다. 오늘 아침 은행 문이 열리기 한참 전부터 긴 줄이 늘어섰습니다. 은행 직원이 나와 번호표를 나눠 줬는데 1,000번이 넘었고요. 공식적인 영업시간이 끝났는데도 고객이 너무 많아서 문을 닫지 못하고 있습니다.

은행이 아예 문을 닫을 수도 있는 상황이라 그런 건가요?

네. ○○저축은행이 부실한 상태라는 것이 드러났기 때문에 이 은행을 누군가 사겠다고 나서지 않는다면 며칠 내로 영업정지 조치가 내려질 것으로 보입니다. 내일부터는 은행 업무를 볼 수 없는 주말인데, 그사이 영업정지 결정이 내려질 수 있기 때문에 서둘러 맡긴 돈을 돌려받으려는 고객이 몰린 것입니다.

그야말로 '뱅크런'이군요.

은행 영업이 중단되더라도 예금자보호법에 따라 원금과 이자를 합한 금액이 5,000만원 이하라면 모두 돌려받을 수 있습니다. 그렇지만 5,000만 원이 넘는 금액은 당분간 찾을 수 없거나 손해를 볼 수도 있기 때문에 서둘러 돈을 찾으려고 사람들이 몰리는 것입니다.

저축은행 예금이자가 시중은행보다 높아서 이자를 조금이라도 더 받으려고 돈을 맡긴 서민층 예금자가 많을 텐데 보통 일이 아니군요.

중앙은행, 특수은행, 시중은행, 저축은행

이 이야기는 2012년 초보 기자였던 제가 현장에서 취재하고 보도했던 기사를 각색한 것입니다.[1] 은행의 대규모 예금인출사태 '뱅크런'(Bank Run) 이야기를 하려고 오래전 취재 수첩을 열어 봤어요.

2011년 1월부터 1년 5개월간 현 기자가 취재한 저축은행을 비롯해 총 20개 저축은행이 영업정지됐습니다. 저축은행들이 건물을 짓겠다는 부동산 업체에 대출을 마구 해 준 것이 화근이었습니다. 건설 경기가 가라앉으면서 담보로 잡은 부동산 가격이 크게 떨어져 은행에 이자를 못 내는 업체가 늘어났거든요. 저축은행들은 대출금을 떼여 부실해졌고, 결국 영업을 할 수 없게 됐습니다.

우리가 살면서 가장 먼저, 가장 자주 접하게 되는 금융기관이 은행입니다. 은행이라고 하면 어떤 은행이 제일 먼저 떠오르나요? 한국은행, 신한은행, 산업은행……. 다 은행은 맞는데 그 역할이 조금씩 다릅니다. 저는 한국은행이 제일 먼저 생각났어요. 아마 살면서 한국은행을 개인적으로 방문할 일은 없을 거예요. 한국은행 같은 중앙은행은 다른 은행하고만 거래하면서 돈의 양이 너무 많거나 너무 적지는 않은지를 살피고, 물가를 안정적으로 유지하는 것이 제1 임무인 곳입니다.

한국산업은행, 한국수출입은행, 중소기업은행, NH농협은행,

수협은행 등은 특수은행으로 분류합니다. 이 은행들도 각자 특별한 '미션'이 있는 곳이에요. 이를테면 산업은행은 우리나라 산업이 잘 클 수 있게 기술개발에 쓸 자금을 공급한다든지, 위기에 처한 대기업에 돈을 빌려주고 회생시키는 역할을 해요. 수출입은행의 자금은 기업들이 수출입을 하는 데 도움을 주고, 중소기업은행은 주로 중소기업과 거래하는 곳이죠.

우리가 오며 가며 자주 접하는 은행은 상업은행입니다. 일반은행이라고도 하고 예금은행이라고도 하죠. 그중에서 전국적으로 점포망을 갖고 있는 상업은행을 '시중은행'이라고 불러요. 2022년 기준으로 KB국민·신한·우리·하나 이렇게 네 곳을 4대 시중은행으로 꼽습니다. 이 4개 은행에 예금이 얼마나 들어왔는지, 대출은 얼마나 나갔는지, 상품 금리는 얼마인지를 모아 보면 우리나라의 전체적인 금융 상황을 가늠해 볼 수 있어서 뉴스에도 자주 등장하죠. (경우에 따라 NH농협은행까지 5대 은행으로 묶어 통계를 내기도 해요)

그럼 카카오뱅크는 무슨 은행이냐고요? 온라인으로 대부분의 은행 서비스를 제공하는 인터넷전문은행 설명을 깜빡할 뻔했네요. 한국에 인터넷전문은행이 처음 선보인 것은 2016년입니다. 지금은 케이뱅크·카카오뱅크·토스뱅크 이렇게 세 곳이 영업 중입니다. 인터넷은행이 등장하면서 은행 영업점에 가지 않아도 새 계좌를 만드는 일이 가능해졌답니다.

현 기자의 현장 취재에 등장한 상호저축은행은 엄밀히 말해 은행은 아닙니다. 저축은행은 신협, 새마을금고, 우체국예금, 보험회사, 증권회사 등과 함께 비은행예금취급기관으로 분류됩니다. 흔히 제2금융권이라고 부르죠. 저축은행은 규모가 작고 예금이자를 시중은행보다 더 주는데 대출금리도 비싸게 받습니다.

은행이 망하면 내 돈은 어떻게 될까?

자, 그럼 뱅크런이 왜 일어나는지 이야기해 볼게요. 은행이 자기 금고에 현금도 보관해 주면서 고객한테 예적금 이자까지 챙겨 주는 데는 이유가 있습니다. 은행은 우리가 맡긴 돈을 그대로 갖고 있지 않아요. 고객이 맡긴 예금 중에 일정 비율의 돈만 '지급준비금'으로 남기고 나머지는 개인이나 회사, 기관 등에 대출해 줍니다.

2022년 기준으로 정기예금, 정기적금 같은 예금은 받은 돈의 2%, 아무 때나 넣고 뺄 수 있는 수시입출금통장은 7%를 다른 데 쓰지 말고 지급준비금으로 갖고 있어야 합니다.[2] 돈을 찾으러 오는 고객에게 내주기 위해 준비해 두는 거죠. 고객들이 한날한시에 은행에 맡긴 돈 전부를 빼 가는 일은 없으니 일부만 현금으로 가지고 나머지는 필요한 사람한테 이자를 받고 빌려주는 거예요.

같은 액수를 은행에 빌려주고 받는 이자(예금금리)와 은행에서

876
872

빌리면서 내야 하는 이자(대출금리)를 비교해 보면 빌릴 때 내야 하는 이자가 더 많습니다. 은행 입장에서는 대출로 벌어들인 이자 수익에서 예금 고객에게 주기로 한 이자를 빼도 남는 장사죠. 대출이자에서 예금이자를 빼고 남은 것을 '예대마진'이라고 하는데요. 은행 수익의 대부분이 이 예대마진에서 나옵니다.

그런데 살다 보면 예상과 달리 예금자들이 한꺼번에 돈을 전부 찾아가겠다고 몰려가는 일도 벌어집니다. 은행에 문제가 생겼다는 소문이 퍼지기 시작하면 은행에 돈을 맡긴 사람들은 불안해지죠. 내가 맡긴 돈을 은행이 그대로 금고에 보관하고 있다면 이자는 못 받아도 원금은 돌려받을 수 있겠지만, 은행에 남아 있는 돈은 예금의 10%도 안 된다는 것을 다들 알고 있으니까요.

그래서 은행이 망할 것 같다는 소식을 접하면 너도나도 같은 마음으로 은행으로 달려가는 겁니다. 불안한 마음에 돈을 찾아가겠다는 예금자가 몰려들고 하루에 수천억 원씩 은행에서 돈이 빠져나갑니다. 이게 뱅크런이에요.

대규모 인출사태가 벌어지거나 금융기관이 파산하더라도 정부가 일정 금액까지는 책임지고 돌려줍니다. 정부가 만들어 둔 예금자보호제도 덕분에 1인당 원금과 이자를 합쳐 5,000만 원까지는 예금보험공사에서 대신 지급해 줘요. 그래서 5,000만 원까지는 안심하고 은행에 맡겨 둘 수 있답니다. 정말 다행이죠?

6. 주식이 뭐지?

기업, 주식회사, 상장

오늘은 또 현 기자가 어떤 현장을 취재했을지 궁금하군요. 바로 연결해 보겠습니다. 현 기자 나와 있나요?

네, 이현입니다. 저는 지금 네덜란드 암스테르담에 나와 있습니다.

네덜란드요? 몇 년도입니까?

1613년입니다. 오늘 여기 암스테르담에 세계 최초의 증권거래소가 문을 열었습니다. 혹시 금 앵커는 세계 최초의 주식회사가 어딘지 아십니까?

그러고 보니 최초의 주식회사도 네덜란드 회사 아닙니까?

맞습니다. 1602년 설립된 네덜란드 '동인도회사'가 첫 주식회사입니다. 인도에서 후추 같은 향신료를 싼값에 사서 유럽에 비싸게 되파는 무역회사인데요. 여기 네덜란드에서 인도까지 바닷길로 가야 하는데 풍랑을 만날 수도 있고, 돌아오는 길에 약탈을 당할 수도 있어 상당히 위험합니다. 그렇다 보니 인도에 다녀올 배와 선원을 구하는 데 필요한 자금을 마련하기가 쉽지 않습니다. 혹시나 투자했다가 배가 빈손으로 돌아오면 투자한 돈을 모두 날릴 수가 있으니까요.

그래서 주식을 발행할 생각을 했다는 건가요?

네, 그렇습니다. 수많은 사람에게 조금씩 돈을 받고 각자에게 동인도회사에 투자했다는 것을 증명하는 증서를 나눠 줬는데요. 회사가 후추를 가져다 팔고 이윤이 생기면 돈을 낸 만큼 투자자들에게 배당↘을 나눠 주고, 혹시 회사가 망하더라도 투자자들은 자기가 낸 돈만큼만 잃으면 되는 것이죠. 그런데 동인도회사가 큰돈을 벌 거라고 보고 나중에 배당을 많이 받을 걸

↘ 주식회사가 이익금의 일부를 현금이나 주식으로 할당해 자금을 낸 사람이나 주주에게 나누어 주는 일.

기대하며 웃돈을 얹어 주면서까지 증서를 사고 싶어 하는 사람들이 생겨났습니다. 이 증서를 보관하고 거래할 수 있도록 암스테르담에 증권거래소가 문을 연 것입니다.

요즘은 애플이나 아마존 주식이 최고라고들 하는데, 17세기에 가장 인기 있는 것은 동인도회사 주식이었군요.

네. 동인도회사 주식이 워낙 인기를 끌다 보니 이 주식을 못 산 사람들이 튤립 투자에 관심을 갖기 시작했는데요. 시청자분들이 계신 현대에는 튤립이 네덜란드를 상징하는 꽃이 되어 있지만 사실 튤립의 원산지는 터키이고 유럽에는 없던 꽃이었습니다.
1600년대 네덜란드에 튤립이 소개되었고, 부자들 사이에서는 희귀한 색과 무늬의 튤립을 얼마나 갖고 있느냐가 부의 척도로 여겨질 정도로 선풍적인 인기를 끌었습니다. 희귀종을 찾는 부자가 많아지니까 튤립을 잘 키우면 큰돈을 벌 수 있겠다는 생각에 집집마다 튤립을 키우기 시작했고요. 동시에 튤립의 알뿌리 수요도 폭발합니다. 그래서 지금으로부터 20년 뒤쯤인 1630년대에는 너도나도 튤립에 투자하면서 가격 거품이 쌓이다 갑자기 폭락하면서 파산자가 속출하는 일이 벌어지게 됩니다.

네, 잘 들었습니다. 17세기 네덜란드에서 현 기자가 전해 드렸습니다.

주식회사는 가장 발달한 형태의 기업

“누가 어디에 얼마를 빌려줬다”, “어느 회사에 얼마를 투자했다”, “이걸 주면 누가 얼마를 내어 준다” 이렇게 나중에 현금과 바꿀 수 있는 가치가 표시된 문서를 ‘증권’이라고 합니다. 증권 중에서도 동인도회사가 투자자들에게 나눠 준 증서 같은 것을 ‘주식’이라고 불러요. 동인도회사처럼 주식을 발행해 사업 밑천을 마련하는 회사를 ‘주식회사’라고 부르고요.

주식회사는 가장 발달한 형태의 기업이라고 할 수 있습니다. 만약에 사업을 하려고 회사를 차리는데, 창업자 본인 돈으로만 회사를 운영해야 한다면 사업 규모가 작을 수밖에 없을 거예요. 당장 제가 10년 동안 회사 다니며 모은 돈을 다 털어서 회사를 차린다고 해도 직원들 월급 줄 만큼도 안 될 것 같네요. 회사가 성장하는 속도도 아주 느리겠죠. 공장 하나 더 지으려면 공장 지을 돈이 모일 때까지 열심히 장사해야 할 테고요. 혹시 누가 큰마음 먹고 전 재산을 투자해 준다고 해도, 잘못해서 손해를 보게 되면 투자자 혼자 빚을 짊어져야 하니까 공격적으로 사업을 확장하기 조심스럽죠.

그런데 주식을 수천, 수만 주 발행하면 수천, 수만 명이 각자 소액을 투자하면 되니까 책임져야 할 액수가 훨씬 작아지죠. 부담이 덜하니까 투자자들이 더 적극적으로 참여할 테고요. 기업 입장에서는 주식을 나눠 준 만큼 회사 지분도 나눠 줘야 하지만, 사장님 혼자 자본금을 다 마련해야 할 때보다 현금을 훨씬 많이 확보할 수 있습니다. 그렇게 마련한 돈으로 동인도회사처럼 인도에 귀한 향신료를 구하러 떠날 수도 있고, 큰 공장을 후딱 지어서 물건을 더 많이 만들어 팔 수도 있어요.

상장에는 회사 정보 공개가 필수

이렇게 사업이 잘되다 보면 사장님은 사업 밑천을 더 마련하고 싶은 욕심이 생깁니다. 그래서 "거래소에 우리 회사 주식을 상장하자!" 하고 결심하죠. 상장이란 증권이 어떤 요건을 갖추고 정해진 절차를 밟으면 거래소에서 사고팔 수 있게 허용해 주는 것입니다. 거래소에 등록하는 거라고 할 수도 있겠네요.

거래소에 상장되면 불특정 다수가 활발하게 주식을 사고팔 수 있기 때문에 주식 수가 수천만 개라도 회사가 직접 주식을 소개하고 팔지 않아도 괜찮습니다. 이전보다 훨씬 많은 수의 주식을 새로 발행해 시장에서 팔 수도 있고, 혹은 원래 갖고 있던 주식 일부를 시장에서 팔아 사업 밑천을 더 마련할 수도 있죠.

그런데 아무 회사나 상장할 수 있는 것은 아니에요. 괜찮은 회

꺄~
공모가의
2배 달성!
(축) 주식 상장

사인지 이것저것 따져 보는 거래소의 기준을 통과해야 하고, 사업이 잘되고 있는지 별일은 없는지 회사 정보를 대중에게 공개해야 합니다. 기업 정보는 금융감독원이 운영하는 전자공시시스템(dart.fss.or.kr)에서 확인할 수 있답니다.

회사 지분을 모르는 사람들과 나눠야 하고 회사 정보도 열어서 보여 줘야 하니까 이게 싫어서 상장을 안 하는 회사도 있어요. 하지만 많은 기업이 어느 단계까지 성장하면 상장을 추진합니다. 그래야 전보다 훨씬 큰 사업 자금을 구해서 그동안 꿈꿔 온 대로 사업 규모를 확장하고, 다른 영역에도 진출할 수 있으니까요.

사장님 혼자, 혹은 몇 명이 작게 시작한 회사가 외부 투자를 받으면서 주식을 발행하고, 회사가 더 크면 주식을 거래소에 상장시켜서 사업에 쓸 돈을 더 많이 만드는 식으로 기업이 성장합니다. 몇 년 전까지 작은 스타트업↴이었던 회사가 쑥쑥 성장해서 주식상장을 준비한다는 뉴스를 보도할 때마다 '주식상장은 기업이 꽃을 피우는 순간이구나' 하고 생각하곤 합니다.

BTS 소속사 빅히트엔터테인먼트(현재 하이브)의 상장도 화제가 됐죠. BTS가 데뷔할 때만 해도 영세한 규모의 매니지먼트사였는데 어느새 이렇게 큰 회사가 됐어요. (2020년 상장하면서 지분 34%를 갖

↴ 소규모 신생기업.

고 있던 방시혁 의장은 엔터계 최고 주식 부자가 됐어요)[1] 회사가 상장하면서 마련한 자금으로는 그동안 사업하면서 빌린 돈도 갚고, 신사옥으로 이전하고, 앞으로 잘될 것 같은 새로운 사업도 시작한다고 하네요. 아무튼 이런 식으로 주식이 상장된 회사가 우리나라에 2,361곳 정도 됩니다.[2]

코스피지수가 파도치면 경제 뉴스를 보세요

우리나라에는 주식을 사고파는 두 시장이 있습니다. 흔히 '코스피'(KOSPI, Korea Composite Stock Price Index)라고 부르는 유가증권시장과 '코스닥'(KOSDAQ, Korea Securities Dealers Automated Quotations)입니다. 단순하게 말하면 코스닥은 비교적 경제 규모가 작은 회사 주식이, 코스피는 대기업처럼 규모 있는 회사 주식이 주로 거래되는 시장이에요. 삼성전자, 현대차, LG화학, KB금융같이 이름만 들어도 전 국민이 다 아는 회사들 주식이 유가증권시장에 상장돼 있죠.

어려워도 꾹 참고 경제 뉴스를 들어 보면 "오늘 코스피지수가 얼마다" 이런 이야기가 자주 등장하는 걸 알게 될 거예요. 코스피지수는 코스피(유가증권)시장에 상장된 모든 종목의 현재 시가총액을 1980년 1월 4일의 시가총액과 비교해서 보는 숫자입니다. 시가총액은 상장된 종목의 주식 수를 몽땅 더하고 거기에 주가를 곱해 구합니다. 쉽게 말하면 지금 있는 주식을 다 팔아 벌 수 있는 현금을 뜻해요.

그런데 시가총액으로 계산하면 숫자가 너무 커서 보기 불편하니까, 1980년 1월 4일의 코스피지수를 100으로 기준을 잡고 현재 시점의 시가총액을 지수로 계산합니다. 2022년 2월 18일 코스피지수를 보니 2744.52입니다. 시장 규모를 41년 전과 비교하면 27배로 커진 셈이네요.[3]

코스닥지수는 코스닥시장의 시가총액으로 계산한 지수인데요. 기준 시점은 1996년 7월 1일입니다. (이날이 코스닥시장의 전신이라고 할 수 있는 장외주식거래 전문 중개회사 코스닥증권이 영업을 시작한 날입니다.) 1996년 7월 1일의 코스닥지수를 1,000으로 잡아 계산하죠.

코스닥지수는 왜 기준이 100이 아니라 1,000이냐고요? 1990년대 후반에 정보기술(IT) 종목 주가가 크게 올랐다가 폭락하는 일이 있었어요. 이렇게 되니 지수가 10단위까지 떨어져서 시장 상황을 파악하기 어렵게 되어 2004년부터는 10배 불려서 표시하게 됐기 때문이에요. 2022년 2월 18일 코스닥지수가 881.71이니까 25년 전보다 시가총액이 오히려 줄어들었네요.[4]

코로나19처럼 경제에 치명적인 악재가 터지면 보통 주식시장이 가장 민감하게 반응합니다. 그런 날은 "코스피지수가 ○○ 이후로 가장 많이 내려갔습니다" 이런 뉴스가 나오죠. 그래서 직접 주식투자를 하지 않는 사람들도 코스피지수가 큰 폭으로 오르거나 내리면 '오늘 우리 경제에 무슨 일이 있었나 보네' 하고 뉴스를 열심히 본답니다.

주식시장은 한국에만 있는 게 아니라 미국이나 다른 여러 나라에도 있고, 주식시장마다 대표하는 주가지수가 있어요. 미국의 경우 뉴욕 증권거래소에 상장한 대표 종목 30개 시세로 만든 다우지수와 훨씬 더 많은 500개 종목의 주가를 종합한 S&P 500지수, 그리고 페이스북·애플·넷플릭스 같은 IT 기업 주식이 거래되는 나스닥 시장의 나스닥지수가 있습니다. 우리나라는 수출을 많이 하는 나라라서 다른 나라, 특히 미국 경제의 영향을 많이 받거든요. 그래서 뉴욕 주식시장 동향도 뉴스에 자주 등장하는 거랍니다.

7. 주식시장은 어떻게 돌아갈까?

주식시장

현 기자가 어제 이 시간에는 17세기 네덜란드에서 소식을 전해 드렸는데 오늘도 주식과 관련된 사건을 취재했다고 합니다. 중계차 연결해 보겠습니다. 현 기자, 어디에 나가 있나요?

네, 저는 지금 영국에 와 있습니다. 오늘은 18세기 초 영국에서 일어난 '남해거품사건'을 취재했는데요. 100년 전 동인도회사 그리고 튤립 못지않게 최근 투자 광풍이 불었던 종목이 이곳에 있습니다. 바로 남해회사(South Sea Company) 주식인데요. 남해회사는 재정난에 빠진 영국 정부가 빚을 해결하기 위해 설립한 회사였습니다. 정부 빚을 남해회사로 넘기고, 남해회사가 노예무역으로 돈을 벌면 이 빚을 갚아 나가는 것이 처음 계획이었습니다.

그런데 무역 사업이 어려워지자 남해회사는 금융업으로 눈을 돌려서 일반인을 상대로 주식을 팔기 시작합니다. 남해회사 주가가 오르자 영국 중산층 사이에 주식 광풍이 일어났습니다. 1720년 초 1주에 128파운드였던 남해회사 주가가 6월에는 1,050파운드까지 치솟았습니다.[1] 남해회사가 어떤 사업을 하는지 정확히 모르면서 주식을 사들이는 사람이 많은데요. 아이작 뉴턴도 남해회사 주식투자자로 알려져 있습니다.

미적분법을 만들고 고전물리학을 정립한 것으로 유명한 그 뉴턴 말인가요?

네, 맞습니다. 뉴턴에게 남해회사 주가에 대해 물었더니 "나는 천체의 움직임까지도 계산할 수 있지만 인간의 광기는 도저히 계산할 수가 없다"[2]라고 답하기도 했습니다. 뉴턴의 경우 남해회사 주식투자로 돈을 좀 벌기도 했는데, 남해회사 주식을 한 번 더 사들였다가 결국 주가가 폭락하면서 거의 전 재산을 잃었다는 이야기가 있습니다.

지금이나 그때나 투기 광풍은 비슷하군요.

남해회사 주식 가격이 폭등하는 것을 두고 "남해에 물거품이 일었다"라는 표현이 널리 쓰였는데요, 이것을 계기로 시장이 나 경제가 과열된 상황을 '거품'(버블, bubble)으로 표현하기 시작했습니다.

너도나도 주식 열풍

코로나19 이후로 주식 이야기하는 사람들이 늘었습니다. 주가 상승이 한창이었던 2020년에는 유튜브 인기 동영상에 주식투자에 대한 콘텐츠가 자주 등장하기도 했죠. 요즘은 부모님에게 주식투자하는 법을 배워서 주식을 사 보는 청소년도 꽤 있는 것 같아요. 제 유튜브 알고리즘이 주식투자하는 어느 청소년의 영상을 추천해 줬던 기억이 납니다.

요즘 왜 너도나도 주식투자에 열을 올릴까요? 일단 금리가 낮아서 은행에 돈을 빌려줘도 이자를 얼마 못 받아요. (금리 이야기 기억하시죠?) 안전하면서 수익률도 좋은 부동산에 투자하고 싶지만 집값이 너무 많이 올라서 평범한 사람들은 집을 사기도 어려워졌고요. 그런 상황에서 코로나19로 일제히 폭락했던 기업들의 주가가 한두 달 만에 금방 다시 오르더니, 코로나19 확산 전보다도 비싼 주식들이 많아졌어요. 주가가 오르니 주식을 사서 큰돈을 벌었다고 말하는 사람도 늘었죠. 이전에는 사실 "주식은 위험해", "함부로 주식투자했다가 패가망신하는 수가 있어" 이렇게 말하며 주식투자를 꺼리는 사람이 훨씬 많았거든요.

그런데 주변 사람들이 다들 주식으로 돈을 벌었다고 하니 기회를 놓치면 안 되겠다는 마음에 너도나도 주식투자에 열을 올리게 되었죠. 이렇게 혼자 뒤처지거나 소외될 것 같은 두려움 혹은 다른 사람은 다 이득을 보는데 나만 기회를 놓칠 것 같은 불안감을 뜻하는 말도 있습니다. 바로 '포모 증후군'(FOMO Syndrome, Fear Of Missing Out)이라고 해요. 어디서 본 장면이랑 비슷하죠? 사람들 마음이 움직이는 방식은 300년 전과 크게 다르지 않은 것 같네요.

과열된 투자심리는 경계해야 하지만 그렇다고 주식을 멀리할 필요는 없습니다. 주식은 여러분이 경제활동을 하는 동안 가까이 두어야 하는 투자자산입니다. 우리가 살아가는 금융자본주의 시스템 안에서 현명하게 돈을 관리하려면 주식을 활용할 수밖에 없거든요. 그런 의미에서 이번 장에서는 개인의 금융 생활 측면에서 알아 두면 좋을 주식 이야기를 해 볼게요.

주식은 언제 어디서 거래하나

코스피시장과 코스닥시장 모두 오전 9시부터 오후 3시 반까지 열립니다. 이 시간 동안에 살 사람과 팔 사람이 주문을 자유롭게 넣고 가격이 시시각각 바뀌죠. 정규 시장이 열리기 전과 끝난 후에도 특정한 방식으로 주식을 거래할 수 있는 시간이 별도로 있는데 이건 '시간 외 시장'이라고 불러요.

아참, 슈퍼마켓은 주말에도 영업을 하지만 주식시장은 토요일,

일요일, 공휴일에는 문을 닫습니다. 미국이나 다른 나라 주식을 거래하고 싶다면 시장마다 운영시간도 다르고 시차도 있고 나라마다 공휴일도 다르니까 꼭 따로 체크해 봐야 합니다.

주식시장에 참여하는 투자자를 크게 셋으로 구분합니다. 첫 번째는 저나 여러분 같은 '개인'입니다. 개인은 숫자는 많지만 비교적 소액을 투자해요. 그만큼 영향력이 약하다 보니 주식시장에서 개인투자자를 '개미'에 비유하곤 합니다. 2020년 주식투자를 시작하거나 투자 규모를 늘린 개인들이 폭발적으로 늘어난 현상이 '동학 개미 운동'이라고 불린 것은 이런 이유 때문입니다.

두 번째는 '기관'입니다. 정부, 증권회사, 펀드 만드는 자산운용사, 국민의 노후 자금을 책임지는 국민연금 등등 큰돈을 만지는 기관들이 주식시장에 있습니다. 마지막은 '외국인'입니다. 환율이나 다른 나라 기준금리 정책에 따라 국내 증시에 외국인 자금이 많이 들어오기도 하고 빠져나가기도 해요.

개인이 주식거래를 하고 싶다면 거래할 계좌를 만들어야 합니다. 증권사 영업점에 가면 친절히 안내해 주는데, 주변에 영업점도 없고 귀찮으면 스마트폰에 애플리케이션을 깔아서 비대면으로 가입할 수도 있어요. 계좌에 투자할 돈을 넣어 두고 컴퓨터에 홈트레이딩시스템(HTS, Home Trading System)을 설치하거나, 스마트폰에 증권사의 주식매매용 애플리케이션을 다운받으면 일단 준비

< OO전자
53,200
0
0.00%
861,205
47.81%
매수 매도 정정/취소 체결/미체결 잔고
호가 잔량
53,600 0.75% 29,075
53,500 0.56% 44,204
53,400 0.38% 33,347
53,300 0.19% 24,526
53,200 0.00% 22,613
53,100 -0.19% 53,863
53,000 -0.38% 92,596
52,900 -0.56%
52,800 -0.75%
52,700 -0.94%
52,600 -1.03%
현금 신용
보통가(지정가)
단일가
1 주
52,800 원
주문금액 52,800 원
매수주문
오늘 사면 모레 체결되겠군!
타닥
타닥

는 끝났습니다.

새로 주식을 살 때는 '사자' 혹은 '매수'(買收)를, 사 둔 주식을 팔 때는 '팔자' 혹은 '매도'(賣渡)를 누릅니다. 매도·매수라는 말이 조금 낯설 뿐 다른 시장과 똑같아요. 살 사람, 팔 사람이 각자 수량과 원하는 가격을 부르고 양쪽이 일치된 지점에서 주식가격과 거래량이 결정됩니다.

한 가지 특이한 점은 파는 거래가 체결돼도 돈은 이틀 뒤에 오간다는 점인데요. 국내 증시의 경우 "우리 ○○회사 주식 100주를 2만 원에 거래하기로 합시다" 약속만 먼저 하고, 실제 주식과 대금은 약속한 날을 포함해 3일째 되는 날 거래된다는 이야기에요. 이 날짜는 증권사가 영업하는 날을 기준으로 세니까 금요일에 주식을 팔기로 약속했다면 토·일요일은 빼고 화요일에야 내 주식을 넘겨주고 돈을 받습니다.

이렇게 하는 이유는 거래하는 사람들이 이용하는 증권사가 다른 경우도 많은데, 서로 돈을 넘겨주고 또 장부에 주식 주인이 바뀌었다고 쓸 시간이 필요해서 그렇습니다. 주식을 산다고 해서 종이 증권을 판매자에게 직접 받아올 일은 없거든요. 한국예탁결제원이라는 곳에서 증권을 보관하고 있다가 주식 주인이 바뀌면 알아서 이름표를 바꿔 달아 주기 때문이죠.

그래서 주식투자를 하는 사람 중에 실물 증권을 갖고 있는 사람은 거의 없습니다. 게다가 2019년부터 종이로 된 실물 증권을 발행하지 않아도 네트워크에서 전자증권을 거래할 수 있게 법이 바뀌었습니다. 대부분의 주식이 전자증권으로 전환됐죠. 그래도 궁금하다면 한국예탁결제원 증권박물관에서 실물 증권을 볼 수 있답니다.

주식을 사고팔 때 고려해야 할 것

주식에는 가격이 2개 있어요. 하나는 주식이 처음 나올 때 증권에 적혀 있는 '액면가'입니다. 우리나라에서 주식 액면가는 보통 100원, 200원, 500원, 1,000원, 2,500원, 5,000원, 1만 원 중 하나예요.

다른 하나는 뉴스에서 흔히 '주가'라고 부르는 거래 시세입니다. 2022년 2월 기준으로 우리나라 주식시장에서 가장 덩치가 큰 종목은 삼성전자인데요. 삼성전자 주식의 액면가는 100원입니다. 그런데 주가는 7만 원이 넘습니다.[3] '100원짜리 주식을 7만 원에 팔다니 말도 안 돼!' 이런 생각이 들지 않나요?

처음 주식회사를 세울 때 액면가를 정해 주식을 발행했어도, 기업이 발전하면서 해당 기업의 실제 가치도 오르고 주가도 오릅니다. 앞으로도 기업이 성장하고 주가도 오를 거란 기대가 있기 때문에 액면가보다 비싼 가격이라도 주식을 사려는 사람들이 나타나죠. 이런 식으로 주가는 액면가와 점점 멀어집니다.

주식을 사는 사람들은 대부분 시세차익이 목적입니다. 내가 산 가격보다 비싸게 팔아야 수익을 낼 수 있으니까요. 그래서 액면가 5,000원짜리 주식이 10만 원, 20만 원에도 거래될 수 있는 거죠. 같은 이유로 기업이 보유한 자산이나 기업의 영업실적에 비해 주가가 아주 높게 형성되는 경우도 많습니다.

그렇지만 모든 투자자가 시세차익만 기대하고 주식을 사지는 않아요. 원래 주식의 의미는 회사 지분을 나눠 갖고 지분에 따라 이익도 나눠 갖는 거라고 했잖아요. 배당으로 돈을 벌 생각으로 배당을 많이 하는 회사의 주식을 보유하는 투자자도 있습니다.

어떤 종목을 살지, 얼마에 살지, 또 얼마에 다시 팔지 판단하는 일이 제일 어렵습니다. 그동안 주가가 어떻게 오르락내리락했는지 차트라는 것도 보고요. 기업이 영업을 얼마나 잘하고 있는지 자료도 보고, 버는 돈(실적)에 비해 주가가 너무 비싸지는 않은지도 살펴봅니다.

증권사마다 '애널리스트'(analyst, 투자 분석가)라고 부르는 전속 연구원들을 고용해서 개별 기업의 사업 전망과 적정 주가 수준을 분석한 보고서를 만들어 고객에게 제공하기도 합니다. 증권사가 왜 이런 수고를 해 주냐고요?

은행의 수익 원천이 예대마진(예금이자와 대출이자의 차이)이라면, 증권사의 핵심 수익은 고객들이 주식을 사고팔 때마다 받는 수수료에 있기 때문입니다. 증권사 입장에서는 고객들이 주식을 사서 가만히 갖고만 있는 것보다 자꾸 팔고 또 사는 게 더 좋으니까 새로운 종목도 발굴해 주고, 주가가 오를 것 같다 내릴 것 같다 분석도 해 주는 거죠.

보통 주가가 오를 때는 빨간색, 내릴 때는 파란색으로 표시합니다. 주가지수도 마찬가지인데요. 일상생활에서 신호등은 빨간불일 때 멈춰야 하고 파란불에 건너니까 파란색이 더 긍정적인 느낌이 드는데, 주식시장에서는 빨간불이 기분 좋은 색으로 쓰이는 것이 처음에는 좀 어색하기도 해요. 아무튼 그래서 주식투자자들은 파란색을 좋아하지 않아요. 투자에 실패했다는 말을 "포트폴리오에 파란불이 들어왔다"라고 표현하기도 하죠.

그렇다고 무조건 '빨간불'이 좋은 것은 아니에요. 단기간에 주가가 너무 많이 오르거나 내리면 부작용이 생길 수 있거든요. "이러다 나만 못 사겠어" 하는 심리로 주가에 거품이 끼었다가 갑자기 떨어져 버릴 수도 있고요. 반대로 그 정도로 위험한 상황은 아닌데 "이러다 휴지 조각 되겠어" 하는 불안감에 사람들이 그 주식을 다 팔아 버리면 주가가 재기할 수 없는 상태까지 급락할 수도 있으니까요.

그래서 우리나라 금융당국은 주식시장에 가격제한폭을 정해

됐습니다. 하루에 30% 이상 오르지도 내리지도 못하게요. 전 거래일보다 30% 높은 가격을 '상한가', 30% 낮은 가격을 '하한가'라고 부르는 이유가 여기에 있습니다. 미국·홍콩 등 비교적 주식시장이 안정적이라 가격 제한이 없는 나라도 있습니다. 가격 제한이 없더라도 장이 열리는 중에 잠깐 흐름이 끊기도록 거래를 중단시키는 방식으로 급등락을 견제할 수 있어요.

투자자들이 기업 정보를 잘못 알고 피해 보는 일이 없도록 만든 제도도 있습니다. 현 기자가 취재한 남해거품사건을 계기로 만들어진 공인회계사와 회계감사제도입니다. 법으로 회계감사를 할 자격을 갖춘 사람을 골라 공인회계사 자격증을 줍니다. 주식시장에 상장된 기업들은 반드시 사업보고서와 공인회계사에게 감사를 받아 작성한 재무제표를 공개하도록 강제하는 거죠. 이를 제대로 이행하지 않으면 주식시장에서 퇴출해 버립니다.

자기 판단으로 투자하는 '멋진' 개미가 되려면

여기서 한 가지 더 전하고 싶은 이야기가 있습니다. '어떤 기업에 투자할 것인가'의 문제인데요. 수익을 얼마나 기대할 수 있느냐 만큼 중요한 것이 그 기업이 어떤 가치를 추구하는지 살펴보는 일입니다.

앞서 말한 동인도회사와 남해회사는 모두 노예무역에 뿌리를 두고 있습니다. 강대국이 약소국의 자원을 무력으로 약탈하던 시대였기에 이런 일을 하는 회사가 만들어질 수 있었죠. 신분제 사회였기 때문에 당시의 투자자들은 사람을 사고팔아 돈을 버는 회사가 별문제 없다고 생각했을지 모릅니다. 하지만 오늘날의 눈으로 보면 노예무역은 명백히 인권침해고, 이런 방식으로 이윤을 추구하는 회사는 더 이상 존재하지 않죠.

사회 구성원으로서 여러분이 투자하는 기업이 세상에 어떤 영향을 끼치는지에 대해서도 판단해야 합니다. 세계적으로 친환경, 사회적 책임, 노동자 인권 등 갈수록 기업윤리가 강조되는 추세죠. 이런 요소를 운영에 반영하는 기업에 투자하는 것이 장기적으로도 유리합니다. 그런 기업이 소비자들의 사랑을 받으며 성장하고 오래 살아남을 수 있을 테니까요.

그 기업이 얼마나 투명하게 운영되는지, 일하는 사람들 사이의 문화가 건강한지, 또 사회에 좋은 영향을 끼치는지 살펴보는 기준이 바로 'ESG'인데요. 환경(Environment), 사회(Social), 기업의 지배구조(Governance)를 뜻해요. 2021년 1월 14일 금융위원회는 오는 2025년부터 자산 총액 2조 원 이상의 유가증권시장 상장사는 ESG 요소를 기업 운영에 어떻게 반영하는지 공개해야 할 의무가 있다고 발표했습니다. 2030년부터는 모든 코스피 상장사로 확대

될 예정이고요.

용돈을 모아 주식을 사 보고 싶은 분도 있을 테고 나중에 사회생활을 시작하면서 주식을 해 보는 분도 있겠죠. 저는 취업하고 처음 주식을 시작했습니다. 1년 정도 기다리면 주가가 꽤 오를 것 같아서 샀는데 주가가 내려가는 바람에 본전을 찾기까지 4년이나 걸린 주식도 있고요. 주변에서 잘못된 소문을 듣고 섣불리 큰돈을 투자했다가 상장이 폐지되고 주가가 폭락해서 큰돈을 잃는 경우도 봤습니다. 은행예금은 은행이 망하지 않는 한 원금은 돌려받을 수 있지만, 주식투자는 수익률이 마이너스가 되면 투자한 돈을 잃을 수도 있습니다. '원금 보장'이 안 되는 상품이에요.

그리고 주식시장에는 초급자 리그와 고수 리그가 나눠 있지 않습니다. 처음 주식을 산 초보 개미와 종일 수익률 낼 방법만 연구하는 펀드매니저, 이미 주식으로 큰돈을 벌어 그리스 별장에서 일광욕을 하는 자산가 등 다른 레벨의 투자자가 한 시장에서 움직입니다. 너무 겁먹을 필요도 없지만 자만해서도 안 되는 것이 주식투자라는 것을 꼭 기억하세요. 뉴턴도 행성의 위치는 알아도 앞으로의 주가는 모르겠다고 했잖아요? 여러분은 분위기에 휩쓸리지 않고 자기 판단으로 투자하는 멋진 '개미'가 되길 바랍니다.

8. 골라 담고 나눠 담는 바구니

펀드

금 앵커 들리시나요? 저는 지금 1976년 미국 뉴욕 월 스트리트에 나와 있습니다.

현 기자, 잘 들립니다. 월 스트리트인데 유명한 황소 동상이 안 보이네요?

황소 동상은 1989년에 세워지기 때문에 지금은 없습니다.

왜 1976년으로 갔나요?

처음으로 개인에게 인덱스펀드를 판매하기 시작했다는 소식을 전해 드리기 위해서입니다. '뱅가드 500'이라는, 미국의

500대 대기업 시가총액을 보여 주는 주가지수 S&P500을 똑같이 좇아가는 펀드인데요. 사실 1971년 웰스파고 은행이 인덱스펀드를 처음 만들었지만 이제까지는 기관투자자만 접근할 수 있었습니다. 그런데 오늘부터는 개인투자자도 인덱스펀드에 투자할 수 있게 된 것입니다.

개별 주식은 오르는 것도 있고 내리는 것도 있지만, 증시 전체를 놓고 보면 경제가 성장하면서 주가도 꾸준히 올라간다는 사실에 주목한 상품이 인덱스펀드입니다. 이 펀드를 만든 존 보글, 뱅가드그룹 창업자의 말대로 "건초 더미에서 바늘을 찾느니 건초 더미를 통째로 사는 게 낫다"라는 것이죠. 그렇지만 아직까지 미국의 펀드시장은 펀드매니저가 적극적으로 기업을 발굴해서 투자하는 액티브펀드가 대세인데요. 인덱스펀드는 액티브펀드보다 고객이 내는 보수가 저렴한 것이 장점입니다.

소액으로 투자하는 우리 같은 사람들에게 희소식이군요. 월 스트리트에서도 반기는 분위기입니까?

인덱스펀드가 몇십 년 뒤에는 대세가 되지만, 아직까지 1976년의 월 스트리트에서는 '바보 펀드'로 조롱받는 분위기입니다. 주가지수를 구성하는 종목을 그냥 따라 담을 뿐, 주식 분석도 없고 특별한 투자 기법도 없는 펀드라고 말이죠. 펀드 업계에

서는 인덱스펀드 창시자인 보글을 이단아, 골칫덩어리로 부른다고 합니다.

그런데 반대로 많은 사람이 부르는 보글의 또 다른 별명이 월스트리트의 성인, '세인트 존'(Saint John)인데요. 인덱스펀드 덕분에 투자 지식이 부족하고 비싼 비용을 지불할 여력이 없는 보통 사람들도 적은 비용으로 높은 수익을 거둘 수 있게 되었다는 의미에서 그렇게 불립니다.

우리나라에서도 최근 몇 년 사이 주식투자가 대중화되고 있습니다. 투자자 이익을 최우선으로 한 보글의 철학과 투자 민주화를 도운 인덱스펀드의 등장을 되새겨 볼 때가 아닌가 합니다. 지금까지 뉴욕에서 이현이었습니다.

나눠서 투자하는 재미, 펀드

저는 먹는 것을 참 좋아합니다. 점심을 먹고 나오면서 저녁은 뭘 먹을지 고민하는 사람이에요. 코로나19 때문에 재택근무를 많이 하면서 먹고 싶은 것을 못 먹을 때가 종종 있어서 참 아쉬워요. 이를테면 바람이 선선하면서 햇볕도 좋은 날 점심에는 파스타와 피자가 당기곤 해요.

그런데 이탈리안 식당은 어쩐지 혼자 가서 먹기가 좀 부담스러워요. 혼자 먹는 한 끼 식사비로 1만 5,000원 이상 쓰고 싶지는 않은데, 그 돈으로는 시저 샐러드나 봉골레 파스타 중 하나만 시켜야 하니까요. 마르게리따 피자도 먹고 싶지만 그건 심지어 2만 원이 넘어요. 게다가 어차피 제 식사량으로는 기껏해야 한 접시 양 정도밖에 못 비우고 남기겠죠. 처음 가는 식당이라면 어떤 음식이 제 입맛에 제일 잘 맞을지 알 수도 없고요. 동료들과 함께 먹는 점심이었다면 샐러드, 파스타, 피자, 거기에 어쩌면 리조또까지 골고루 시켜 먹고 계산도 나눠서 했을 텐데 말이죠.

생각해 보니 펀드라는 것이 친구들과 파스타를 먹으러 가는 것과 비슷한 것 같아요. 펀드란 여러 사람이 돈을 모아서 뭉칫돈을 만들어 함께 투자하는 상품입니다. 투자자금이 커진 만큼 혼자 투자할 때보다 다양한 투자상품을 골라 담을 수 있어요. 혼자 식

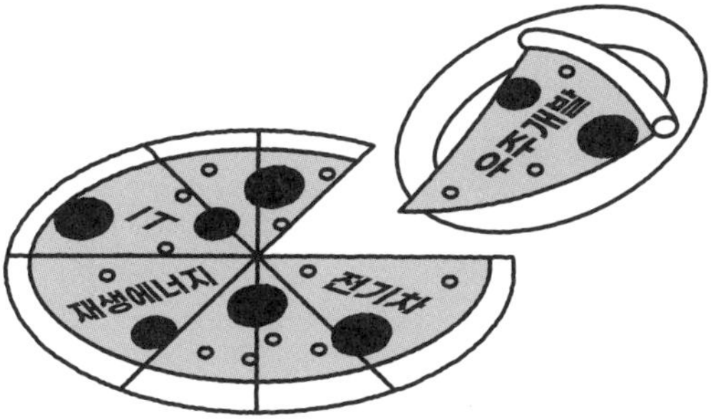

당에 가면 예산에 맞는 메뉴 한 가지만 먹을 수 있지만, 친구들과 같이 가면 같은 돈으로 내 접시에 파스타도 담고 피자도 한 조각 담을 수 있는 것처럼요.

그렇다고 펀드에 투자하기 위해 친구들을 모아서 메뉴까지 상의해야 하는 것은 아니에요. 펀드매니저라고 부르는 전문가가 여러 고객이 낸 돈을 받아서 대신 투자해서 수익을 내고 보수를 받아 갑니다. 정리하면, 주식·채권·부동산 등에 투자하고 싶은 마음은 굴뚝인데 어떻게 투자해야 할지 잘 모르겠고 골고루 담을 만큼 가진 돈도 적을 때 유용한 투자상품이라고 할 수 있습니다.

여럿이 나눠 먹는 기쁨이 파스타 가게에만 있는 건 아니죠. 분식집도 고깃집도 중국집도 마찬가지입니다. 펀드도 투자하는 곳이 다양합니다. 많은 투자자가 주로 주식에 투자하는 펀드를 고르는데, 주식 말고도 채권·부동산을 담은 펀드도 있어요. 금이나 원유 같은 실물 상품에 투자하는 펀드도 있고요. 심지어 다른 펀드에 투자하는 펀드도 있죠.

같은 주식형펀드도 투자할 종목을 고르는 방식은 여러 가지입니다. 앞서 주식 이야기를 할 때 시세차익보다 배당금을 염두에 두고 투자하는 경우도 있다고 했었죠? 펀드에도 배당수익이 높은 주식에 투자하는 '배당주펀드'가 있어요. 그밖에 삼성전자처럼 자본금이 큰 기업의 주식만 사는 '대형주펀드', 새로 시장에 상장하는 회사의 공모주를 많이 사는 '공모주펀드', 탄탄한 기업이지만 아직 주가는 그만큼 오르지 않은 저평가주를 열심히 찾아 모으는 '가치주펀드' 등이 있어요.

관심 있는 산업에 따라 펀드를 고를 수도 있습니다. 예를 들어 요즘 인기 있는 펀드 중에 전기차·배터리 사업을 하는 기업의 주식만 모아 놓은 펀드가 있죠. 꼭 국내 주식만 투자하는 것이 아니라 미국, 중국, 베트남 등 해외 주식에 투자하는 펀드도 다양하게 나와 있습니다. 어때요, 주식시장에 대해 알고 들으니 펀드 종류도 이해하기 쉽죠?

펀드는 당국의 허가를 받은 자산운용회사가 만듭니다. 자산운용사에 고용된 펀드매니저가 개별 상품의 운용을 맡고요. 자산운용사가 만든 펀드는 주로 증권사나 은행, 보험사에서 판매됩니다. 증권거래 앱이나 은행 앱을 통해서 온라인으로 펀드에 가입할 수도 있습니다. 같은 금융그룹 안에 증권사와 자산운용사가 계열사로 같이 있는 경우가 많아서 펀드를 증권사에서 만들어 파는 것으로 오해할 수도 있어요.

증권사는 증권거래를 대행해 주고 펀드를 판매만 하는 곳, 자산운용사는 펀드를 만들어 운용하는 곳입니다. 펀드는 적은 금액으로도 가입할 수 있어요. 1만 원만 있어도 가입할 수 있는 펀드가 대부분이죠. 더 알아가고 싶은 시장이나 산업이 있다면 펀드 종류를 잘 살펴보고 용돈으로 가입해 볼 수도 있겠어요.

그것이 궁금하다, 인덱스펀드

자, 그럼 이제 앞서 보도한 인덱스펀드에 대해 설명을 좀 해 볼게요. 펀드의 변천사를 펼쳐 볼 테니 책 꼭 붙들고 잘 따라오세요!

우리가 '펀드'라고 부르는 증권투자신탁 상품은 19세기 중반 영국에서 나왔습니다. 당시 영국에는 산업혁명 덕분에 많은 돈이 쌓여 있었고 사람들은 투자처를 찾고 있었어요. 유럽에서는 나폴레옹전쟁 뒤 전후 복구 비용과 배상금을 충당하기 위해 이율이 높은 공공기관 채권이 판매됐고요. 미국도 개발이 한창이라 철도 놓고 통신망 갖추는 공사비를 빌리려는 수요가 많아 금리가 높은 상황이었어요.

현금이 많은 영국의 투자자들은 자연스럽게 이런 해외 상품에 관심을 가졌습니다. 그런데 지금처럼 스마트폰이 있는 시대도 아니고, 나라 밖 투자처에 대해 정확한 정보를 알기가 어려운 게 망설임 포인트였다고 해요. 이때 나온 해법이 여러 사람이 돈을 모아서 여러 곳에 다양하게 분산투자를 하는 방법이었어요.

우리나라에는 1970년에 펀드가 등장했지만, 대중화된 것은 IMF 외환위기 이후 1998년 12월 법이 정비되면서부터입니다.[1] 그러다 2000년대 초반 소액으로 조금씩 적금처럼 투자하는 '적립식 펀드'가 도입되면서 더 많은 사람이 펀드에 관심을 갖게 됐어요. 제가 여러분 또래였을 무렵인데, 은행에 다녀온 어머니가 중국 주식에 투자하는 차이나 펀드에 가입했다는 이야기를 들었던 기억이 나네요. 신문이나 TV 프로그램에서도 펀드 이야기가 참 많이 나왔어요. 그런데 2010년대 중반 무렵부터 인덱스펀드 이야기가 많이 들리고 대세가 기우는 게 느껴졌습니다.

인덱스펀드가 뭔지 먼저 설명하라고요? 알겠어요. 언제나 그렇듯 금융상품 이름에 실마리가 다 있습니다. 코스피지수, 코스닥지수 할 때 지수가 영어로 인덱스(index)입니다. 주가지수를 하나 골라서 주가지수가 오르는 만큼 수익률을 내는 펀드인데요. 현 기자가 1976년으로 돌아가 출시 소식을 전했던 펀드 '뱅가드 500'을 예로 들어 볼게요. 이 인덱스펀드가 따라가는 주가지수는

S&P500이라고 부르는 지수입니다. 뉴욕 증권거래소와 나스닥에 상장된 종목 중에 제일 우량한 미국 대기업 500개만 추려 담은 지수예요.

그렇다고 펀드 상품에 그 많은 미국 대기업 500곳의 주식을 전부 쓸어 담는 것은 현실적으로 어렵죠. 대신 지수에 들어간 모든 종목을 똑같은 비율로 담아서 미니어처 바구니를 만듭니다. 이를테면 S&P500 지수의 시가총액 중 A사의 시총이 30%라고 하면, 인덱스펀드에도 똑같이 바구니의 30%를 A사 주식으로 채우는 거예요. 물론 현실적으로 100% 똑같은 비율로 담기는 어려워서 지수를 대표하는 큰 종목을 중심으로 '얼추 비슷하게' 담는 경우가 많긴 합니다.

아무튼 목표로 하는 지수의 종목 구성을 쫓아서 따라가니까 '지수를 추종하는 펀드'라고 표현하기도 하고, 목표로 삼는 지수를 '벤치마크지수'라고 부르기도 합니다. 미니어처지만 구성은 비슷하기 때문에 벤치마크지수가 오른 만큼 거의 똑같이 수익이 나고, 내린 만큼 똑같이 손해를 볼 수도 있습니다.

'액티브펀드'라고 부르는 기존 펀드와 비교하면 좀 소극적이고 수동적인 느낌이 들어요. 그래서 인덱스펀드를 '패시브(passive) 펀드'라고 부르기도 합니다. 펀드매니저가 숫자를 많이 들여다볼 필요도 없고, 지수 구성 종목이 바뀌지 않는 한 주식을 사고팔 일이

IT주
여행주
많이는 못 사도
조금씩 여러 가지 담아야지!
우주개발주
에너지주

별로 없어서 펀드매니저한테 주는 보수와 거래수수료가 액티브 펀드보다 적어요. 금융소비자 입장에서는 같은 수익률을 내도 수수료를 덜 떼어 가니 남는 게 많습니다. 게다가 2008년 글로벌 금융위기 이후로 증시가 계속 오르면서 투자전문가들이 달라붙어서 굴린 펀드 수익률보다 그냥 종합주가지수 수익률이 더 높으니 투자자들 마음이 인덱스펀드로 기울었죠.

별별 ETF가 다 있네

인덱스펀드가 대세가 될 수 있었던 비결은 여기서 한발 더 나아가 인덱스펀드를 주식처럼 시장에 상장시킨 상장지수펀드(ETF·Exchange Traded Fund)의 등장에 있습니다. 지수펀드(인덱스펀드)를 상장시켰다! 이름에 힌트가 들어 있죠? 앞에서 설명한 펀드는 증권사나 은행을 통해서 살 수 있었지만, ETF는 주식과 똑같이 주식매매 프로그램으로 거래합니다. 거래할 수 있는 시간, 상·하한가 제도 등 주식거래와 똑같아요. 주식처럼 배당금도 나오고요.

코스피200, 코스닥150, S&P500 등등 각종 지수에 연동시킨 ETF가 투자자들에게 사랑받기 시작했습니다. 세상에는 별별 지수가 다 있고, 지수만큼 다양한 ETF가 만들어져 있답니다. ETF의 종류는 투자자들의 수요에 따라 날로 다양해졌습니다. 전기차,

인공지능, 클린 에너지 등 특정 분야의 주식을 담은 테마형 ETF가 다양하게 나왔습니다.

주식뿐만 아니라 채권, 달러, 금, 원유 등 각종 투자 대상이 ETF로 만들어져 주식처럼 거래되고 있죠. 여기에 지수를 평범하게 쫓아가지 않고, 수익이 나든 손해를 보든 2배·3배로 과장되게 쫓아가는 레버리지 ETF, 청개구리처럼 지수를 반대로 쫓아가는 인버스 ETF까지 있습니다.

그런데 코로나 사태 이후로 또다른 펀드가 대세로 떠올랐습니다. 바로 액티브 ETF입니다. 액티브 ETF는 펀드매니저의 투자 방법만 놓고 보면 맨 처음 대세였던 액티브펀드와 비슷해요. 액티브펀드를 주식처럼 거래할 수 있게 상장한 것이라고 생각하면 쉽습니다. 상장되어 있지만 특정 지수를 추종하지 않고, 운용하는 사람이 투자처와 비중을 재량껏 담고 빼는 상품입니다. (국가마다 규제가 다른데, 우리나라에서는 기초지수[1]를 70% 이상 쫓아가야 하는 규제가 있습니다)

액티브 ETF 인기의 중심에는 '아크 이노베이션 ETF'라는 상품이 있었어요. 미국의 펀드매니저인 캐시 우드(이름 때문에 한국 투자자들은 '돈나무'라고 부르기도 하죠)가 설립한 아크(ARK)라는 자산운용사에서 만든 액티브 ETF인데요. 테슬라처럼 다른 투자자들이 반신

---

[1] 해당 펀드 상품이 따라가기로 한 주가지수.

반의하던 종목을 과감하게 담아 둔 덕에 2020년 한 해 수익률이 170%를 넘을 정도로 성공한 ETF였죠.

하지만 액티브 ETF는 높은 수익을 추구하는 만큼 원금을 잃을 위험성도 큽니다. 이 아크 이노베이션 ETF만 해도 이듬해인 2021년에는 수익률이 '마이너스' 24%였거든요. 그래서 오히려 아크 ETF와 반대로 투자하는 '안티 아크 ETF' 상품이 나와서 인기를 끌기도 했습니다.

9. 요긴하지만 쉽게 보면 큰코다칠걸

대출

시청자 여러분, 모두 부~자 되세요!

아니 현 기자 지금 뭐하는 거죠?

금 앵커, 혹시 이런 광고 본 적 있으신가요?

2001년 연말에 나왔던 카드사 광고 아닌가요? 그 광고 때문에 "부자 되세요"가 전 국민 유행어가 됐던 기억이 나네요.

네, 맞습니다. 여기는 지금 2002년 1월, 대한민국 서울입니다. 2020년대에는 "적게 일하고 많이 버세요"라는 인터넷 유행어가 많이 쓰이지만, 1990년대까지만 해도 "부자 되세요", "돈 많이 버세요" 이런 말이 덕담으로 쓰이지 않았습니다. 다들 '돈 밝히는 사람'으로 보이는 것을 꺼려 했으니까요. 그런데 이 광고가 유행하면서 2002년에는 두 팔로 크게 원을 그리면서 "부~자 되세요"라고 새해 인사를 나누는 모습을 자주 보게 됐습니다.

2000년대 유행어를 취재하러 갔나요?

아니요. 오늘 제가 보도할 사건은 신용카드 대출 부실 사태, 이른바 '카드대란'입니다. 제 뒤로 카드 고객을 모집하려는 가판대가 있습니다. 몇 걸음 걸어가면 비슷한 가판대가 또 있습니다. 번화가마다 사은품을 쌓아 놓은 이런 가판대를 쉽게 찾아볼 수 있습니다. 원래 신용카드는 '외상', 그러니까 빚을 지는 기능이 있기 때문에 일정한 소득이 있어야 만들 수 있는데요. 2002년에는 소득이 없는 대학생도 신분증만 가져가면 신용카드를 쉽게 발급받을 수 있습니다.

어떻게 그럴 수 있죠?

1997년 IMF 외환위기를 겪은 후로 정부가 경제를 다시 일으키려고 여러 가지 조치를 취해 왔습니다. 국민들이 소비를 많이 해서 경기가 살아날 수 있게 하려고 신용카드 발급도 권장했고요. 그러다 보니 경제활동인구 1인당 신용카드 수가 4.6개나 될 정도로 신용카드 가입자가 급증했습니다. 이런 사회 분위기에서 나온 광고 카피가 바로 "부~자 되세요"입니다.

돈을 모으는 것이 아니라 쓰는 것이 신용카드인데, 부자가 되라고 응원을 하는 광고라니……. 부자 된 기분만 내라는 것인가요. 씁쓸하군요.

그런데 문제는 경제가 진짜 살아난 것이 아니었다는 데 있습니다. 너도나도 신용카드로 과소비를 하고, 현금서비스(단기 대출)를 받고, 그러다 결국 빚을 갚지 못해 신용불량자가 되는 사람이 2004년이 되면 360만 명이 넘습니다. 소비자들이 파산하니 카드값을 돌려받지 못한 카드사 역시 파산하고 말고요.

요새 가계부채가 1,800조 원을 넘어섰다면서 정부가 대출 규제정책을 쏟아 내던데 예전이랑 비슷한 일이 또 벌어질까 봐 그런 것이군요. 잘 들었습니다. 현 기자였습니다.

대출 권하는 너굴 씨는 귀엽지만

제가 즐겨 하는 '동물의 숲'이라는 게임이 있습니다. 여러분 중에도 동숲 유저가 있을 듯한데요. 이 게임은 외딴 섬마을로 이주하면서 시작됩니다. 적당한 자리에 텐트를 쳐 놓고 마을을 돌아다니며 친구들과 이야기도 나누고 잡초도 좀 뽑고요. 그렇게 마을 생활에 적응했다 싶을 때쯤 장사꾼 캐릭터인 '너굴' 씨가 말을 겁니다. 집을 짓지 않겠냐고 말이죠. 집을 지어야 가구도 들여놓고 나만의 공간을 꾸밀 수가 있거든요.

집 공사를 결정하면 하루 뒤에 바로 완공이 되지만 공짜가 아닙니다. 너굴 씨한테 대출받은 돈으로 집 먼저 짓고 마을에서 과일도 따다 팔고, 물고기도 잡아 팔아 번 돈으로 대출금을 조금씩 갚아 나갑니다. 빚을 다 갚으면 너굴 씨가 또 물어봅니다. 대출을 해 줄 테니 집을 더 넓혀 짓지 않겠냐고 말이죠. 현실 세계에서도 집을 구하는 과정은 비슷합니다.

어쩌면 아직 청소년인 여러분에게 주식보다도 낯선 것이 대출일지 모르겠습니다. 대출이라는 말 자체를 도서관에서 책 빌릴 때 말고는 들어 본 적이 없을 수도 있겠네요. 아니면 어른들이 심각한 얼굴로 "대출 때문에 고민이다" 하고 이야기하는 것을 보고 불안한 마음을 가졌던 적이 있을 수도 있고요. 대출은 쉽게 말하면 빚인데, 금융기관에 진 빚을 주로 대출이라고 부릅니다.

금융이 오늘날처럼 발달하는 데 가장 기여한 것을 고르라고 하면 대출을 빼놓을 수 없습니다. 금융이라는 말 자체가 '금전 융통'을 줄인 말입니다. 돈을 빌려주고 빌리는 것이 금융이라는 의미죠. 돈이 남는 사람과 돈이 없는 사람이 거래할 수 있게 된 덕에 '현재의 내게 필요한 돈을 미래의 내가 벌어서 갚는다'라는 선택지가 생겼죠. 하지만 반대로 무리한 대출이 문제가 되어 인생이 송두리째 흔들리는 일도 벌어집니다. 거의 모든 금융위기의 원인도 대출이었어요. 대출을 너무 무서워할 필요도 없지만, 너무 쉽게 생각해서도 안 됩니다.

신용 점수는 평소에 관리하기

신용은 돈을 갚을 의사와 능력이 어느 정도인지 평가하는 기준입니다. 돈을 빌려 간 사람이 일해서 금방 돈을 벌 수 있고, 돈을 버는 대로 성실하게 빚을 갚을 것으로 보인다면 '신용이 좋다'고 말할 수 있겠죠.

돈 없이 물물교환을 하던 시절을 상상해 볼까요? 사과 2상자와 감자 1상자를 교환하는 거래가 성사됐습니다. 상품을 들고 다니기는 너무 무겁고, 또 들고 다니다가 농작물이 멍들고 썩을 수도 있잖아요. 몇 번 거래하면서 서로에 대한 신뢰가 쌓이면 "아무래도 사과가 무겁고 멍이 잘 드니까 일단 감자를 받아 가고, 다음 달에 당신 집 앞을 지나갈 일이 있을 때 사과를 가져 올게요" 이런 식으로 외상을 달고 감자를 가져갈 수도 있겠죠.

요즘은 지폐나 동전을 갖고 다니면서 거래하는 일이 많지 않죠. 사회생활을 하는 성인이라면 신용카드를 더 많이 씁니다. '신용카드'의 신용이 이 신용입니다. 카드 이야기는 뒤에서 길게 하기로 하고 이 장에서는 신용 이야기를 자세히 해 볼까 합니다.

카드회사는 신용이 높은지 낮은지 판단해 카드 발급 여부를 결정합니다. 신용카드를 발급받으면 한 달 뒤 결제일에 카드사에 돈을 내기로 약속하고 외상으로 카드 결제를 할 수 있죠. 은행도 마찬가지예요. 대출 신청한 사람의 소득이 얼마인지, 돈을 얼마나 잘 갚을 사람인지 꼼꼼하게 따져 보고 얼마를 빌려줄지 결정합니다.

신용이 없으면 담보물이 있어야 대출을 해 줍니다. 앞에서 이야기한 게임, 동물의 숲에서처럼 말이에요. 집값은 평범한 직장인이 몇 년을 일해도 모을 수 없을 만큼 비싸거든요. 그래서 집을 살 때 많은 사람이 집을 담보로 대출을 받습니다. 집을 담보로 잡는다는 것은 '혹시 돈을 제때 못 갚으면 이 집을 팔아서라도 돈을 갚겠다'라는 약속 같은 것입니다.

집은 담보물 중에서도 가장 안전하고 가치가 높습니다. 그래서 정부 규제가 느슨할 때는 집값의 절반 이상을 대출받은 돈으로 지불하는 경우가 많았어요. (정부가 왜 대출을 규제하는지는 이따 뒤에서 설명할게요) 내 집 장만에 성공해서 집들이 온 손님들에게 "사실 여기 베란다랑 화장실 정도만 진짜 내 집이고, 나머지는 은행 거야"라고 농담하기도 하죠.

개인마다 각자의 신용 점수가 있습니다. 그동안 돈거래를 하면서 약속을 잘 지켜 온 사람인지, 앞으로도 돈을 빌려주면 잘 갚을 사람인지를 보여 주는 점수죠. 신용평가기관에서 대출연체 이력은 없는지, 여러 군데 빚을 지고 있지는 않은지, 수입은 일정한지 등등을 확인해서 1,000점 만점으로 신용도가 얼마인지 점수를 매깁니다. 평소에 카드비나 대출을 제때 잘 갚은 사람일수록 점수가 높죠. 통신 요금, 전기 요금을 성실하게 납부한 내역도 신용 점수를 올리는 데 도움이 됩니다.

반대로 여기저기서 대출을 받고 이자도 제대로 안 내는 사람, 대부업 대출처럼 금리가 높은 대출을 받은 사람은 돈을 못 갚을 위험이 큰 사람으로 보고 신용 점수를 낮게 부여합니다. 신용등급이 낮고 담보물이 없으면 금융기관에서 대출을 받기 어렵습니다. 신청을 해도 이런저런 서류를 검토한 뒤 "대출 못 해 드립니다" 하고 거절 통보를 받아요.

대출은 반드시 필요할 때만 받아야 합니다. 어떤 때가 꼭 필요한 때일까요? "꼭 갖고 싶은 패딩 점퍼가 있는데 대출받아서 사면 안 되나요?", "새로 나온 아이폰이 너무 갖고 싶은데 대출받아도 되나요?" 이렇게 묻고 싶은 분이 있을지도 모르겠네요. 글쎄요. 쇼핑을 위해 대출을 받는 것은 현명한 선택은 아닌 것 같습니다.

제 생각에 '대출을 받을 만한 상황'은 다음과 같은 경우입니다. 학교나 직장이 가까운 곳에 집을 구해 이사 가야 하는데 돈이 부족하다든지(전세자금대출, 주택담보대출), 공부를 더 하고 싶은데 등록금 내고 책 살 돈이 없을 때(학자금대출)라면 대출을 활용하는 것이 좋습니다. 집을 사거나 전세 계약을 할 때는 손해 볼 위험이 크지 않고, 학업을 이어 가는 것은 미래 소득에 도움이 될 수도 있고 무엇보다 인생에서 꼭 필요한 지출이기 때문에 대출을 받아도 괜찮다고 이야기하는 거예요.

단, 대출이라고 다 같은 대출이 아닙니다. 꼭 필요한 경우라도 조건이 덜 까다롭고 절차가 간편한 대신 금리가 어마어마한 대출은 피해야 합니다. 예를 들어 신용등급도 낮고 담보로 제공할 집이 없어도 돈을 쉽게 빌릴 수 있다고 광고하는 업체들이 있습니다. SNS나 문자메시지 등으로 "대학생이나 주부도 쉽고 빠른 대

출이 가능하다"라고 영업을 하죠.

이런 경우는 십중팔구 대출금리가 어마어마하게 높습니다. 1년에 이자가 10~20%씩 붙는 고금리 대출은 가급적이면 받지 않아야 합니다. 빌릴 때는 금방 갚을 수 있을 것 같아도 사람 일이 그렇지가 않거든요. 눈 깜짝할 새 100만 원 빚에 이자가 눈덩이처럼 붙어서 200만 원, 300만 원으로 불어나는 수가 있습니다. 신용카드 회사에서 카드 대금 결제를 미뤄 주는 서비스(리볼빙), 대부업체의 대출상품, 증권사에서 주식 살 때 빌려주는 대출도 가능하면

멀리하는 것이 좋습니다.

사회 초년생들이 월급으로 목돈을 받기 시작하면서 '학자금대출이 있는데 대출 먼저 상환할까? 이 돈으로 주식을 사면 대출이자보다 많은 돈을 벌 수 있지 않을까?' 이런 고민을 종종 하는데요. 수학 문제집 지문처럼 표현하자면 다음과 같은 고민이겠네요.

100%의 확률로 매년 3%씩 이자가 붙는 대출을 다 갚기

vs.

대출이자를 계속 내면서 주식투자로 3% 이상 수익 내기

(단, 원금손실 위험이 있고 수익률은 아무도 장담할 수 없음)

저라면 무조건 대출을 먼저 갚겠습니다. 300만 원을 빌렸다고 하면 1년에 9만 원씩 이자를 내야겠죠? 대출금으로 다른 투자를 해서 9만 원을 벌면 본전이고, 9만 원 이상 벌어야 남는 게 있는 셈입니다. 그런데 주식투자는 1년 뒤에 무슨 일이 생길지 알 수 없어요. 지난해 주가가 20% 넘게 오른 종목이 올해는 30% 넘게 떨어질 수도 있고요, 매년 3% 이상 배당을 주던 회사가 경영 실적이 악화되어 내년에는 배당을 못 준다고 할 수도 있어요.

게다가 언젠가 갚아야 할 돈으로 투자를 하면 예상과 다르게 수익률에 파란불이 들어올 때 마음이 불안해 합리적인 판단을 하기도 어렵습니다. 대출로 돈이 생기면 기분은 좋지만 공짜 돈은 아니잖아요. 이자까지 내면서 돈을 빌린다면 그 돈을 얼마나 가치 있게 쓸지 진지하게 고민해야 해요.

돈을 빌릴 때는 빚의 무게를 생각하세요

금전 거래는 신중하게 해야 합니다. 돈이 오가는 계약서에 서명을 하면 계약으로 벌어질 모든 일을 내가 책임져야 합니다. 대출 계약을 했다면 책임감을 갖고 돈을 갚아야겠죠. 주식투자 같은 것은 해도 되고 안 해도 되는 선택의 영역에 있지만, 빌린 돈은 만기까지 반드시 돌려줘야 합니다. 돈을 갚지 않으면 신용불량자가 되어 경제활동이 불가능해지거나, 소송을 당해 법정에 서게 될 수도 있습니다. 빚은 절대 쉽게 생각할 것이 아닙니다.

빚 때문에 개인의 인생이 어려움에 처할뿐만 아니라 사회적으로도 큰 문제가 돼요. 한국은행 자료에 따르면 우리나라의 국내총생산(GDP) 대비 가계부채↘ 비율은 2021년 3분기 기준 219.9%입니다.[1] 우리나라에서 2년 동안 가계, 기업, 정부 등 모든 경제주체가 열심히 일해서 번 돈을 한 푼도 쓰지 않고 몽땅 빚 갚는 데 쏟아부어도 다 못 갚을 만큼 가계부채가 많다는 의미입니다. 말이 2년이지 기업도 정부도 가계도 생존을 위해 지출해야 하는 비용이 기본적으로 있으니 실제로는 몇 년이 걸려도 다 갚기 어려운 규모죠. 게다가 가계가 진 빚만 이만큼이고 기업이나 정부도 부채가 따로 있습니다.

집집마다 왜 이렇게 대출을 많이 받았을까요? 집 때문입니다. 집을 살 돈, 집을 빌릴 돈(전세보증금)을 대출로 충당하는 경우가 많아요. 최근 몇 년 사이 집값이 많이 오른 데다가, 부동산시장이 과열되면서 집을 무리해서 사려는 사람이 늘어나서 빚도 불어났어요. 주택담보대출에 신용대출까지 빚을 낼 수 있는 한 많이 내서 집을 산 사람이 많았죠. 영혼까지 끌어모은다고 '영끌'이라는 신

↘ 가정이 지고 있는 빚.

조어가 생겨났고요. 게다가 주식이나 비트코인 투자 광풍이 불면서 빚을 내서 투자를 하는 사람들도 늘어났습니다.

경기가 좋을 때는 괜찮아요. 그런데 어디선가 경제가 어려울 것 같다는 불안감이 시작되면 문제가 커집니다. 예를 들어 대출받은 사람들이 일자리를 잃으면 어떻게 될까요? 원금은 물론 이자도 제때 내지 못하는 사람이 급증합니다. 거의 모든 은행에서 많은 사람에게 대출을 해 준 상황이니까 은행들도 위태로워집니다. 은행이 예금 고객들에게 돈을 돌려주지 못하는 상황이 벌어질 수도 있고요.

실제로 2008년 미국에서 무분별한 주택담보대출이 도화선이 되어 월 스트리트 전체, 나아가 전 세계 금융이 위기를 겪게 된 일이 있었어요. 그래서 정부가 요즘 은행들에 대출상품을 전보다 깐깐하게 따져서 팔라고 지침을 내리고 부채관리에 열을 올리는 것입니다.

10. 불안한 마음을 덜고 싶다면

보험

현 기자, 오늘은 어디에서 마이크를 잡았나요?

1666년 영국 런던입니다.

런던이라고요? 런던은 17세기에도 유럽에서 큰 도시 중 하나 아닌가요? 현 기자 뒤로 보이는 풍경은 폐허네요?

네. 얼마 전 한 빵집에서 시작된 불이 나흘 만에 도시 전역으로 번지는 화재 사건이 있었습니다. '런던대화재'라고 불리게 될 사건인데요. 런던 인구가 8만 명인데 이 중 7만여 명이 이 화재로 집을 잃었습니다.

피해 규모가 엄청난 사건이군요. 그런데 경제 기자인 현 기자가 화재 현장에는 왜 나가 있죠?

보험 때문입니다. 지금 보고 계신 자료 화면은 제가 서 있는 이 거리의 50년 뒤 모습입니다. 화재 후 새로 집들이 세워진 것을 보실 수 있는데요. 건물 외벽에 숫자가 써진 금속 마크가 붙어 있습니다. 이 건물이 화재보험에 가입되어 있다는 걸 나타내는 표식입니다.
런던대화재가 발생한 그 이듬해, 화재가 발생했을 때 피해 금액을 보상해 주는 화재보험회사가 처음 생깁니다. 시민들에게 돈을 조금씩 받고, 돈을 낸 시민이 화재로 피해를 입으면 새로 집을 지어 주거나 수리해 주는 상품을 만들었는데요. 화재에 대해 불안감이 커진 런던 시민들이 너도나도 화재보험에 가입하면서 보험이 아주 선풍적인 인기를 끌었습니다. 그러면서 온갖 종류의 보험들이 나오게 되는데요. 빚을 갚을 능력이 안 되는 사람들을 위한 보험, 대화 중 욕설을 자제하기 위한 보험 등등 다양합니다.

그러고 보니 런던 출장 때 오래된 건물에서 저런 마크를 본 기억이 나는 것도 같군요. 잘 들었습니다.

보험은 적금이라기보다 학원비에 가깝다

돈에 대해 잘 알아야 하는 이유 중 하나는 우리 인생이 불확실하다는 데 있습니다. 생을 마치는 순간까지 계속 일할 수 있을 만큼 늘 건강하고, 사는 데 필요한 만큼 버는 돈이 충분하다면 재테크가 필요 없을지도 모릅니다. 돈을 쌓고 불리지 않아도 그때그때 일을 해서 벌면 되니까요. 그렇지만 살다 보면 갑자기 병이 나서 일을 못 하게 되기도 하고, 예상치 못한 사고가 벌어져서 큰돈이 급하게 필요한 순간도 생깁니다. 그런 때를 대비해 돈을 모으고 굴리는 것입니다. 바로 이런 때를 대비해 보험에 가입해 두기도 하죠.

보험은 앞서 살펴본 은행 예·적금이나 주식, 펀드 등 다른 금융상품과는 조금 성격이 다릅니다. 보험은 돈을 모으거나 굴리는 데 도움이 되는 금융상품은 아닙니다. 언제 일어날지 모르는 위험에 대비해 약속한 기간 동안 조금씩 보험회사에 '보험료'를 내고, 일이 생기면 보험회사로부터 '보험금'을 받습니다. 보험회사가 지급하는 보험금은 보통 납입한 보험료를 다 합한 것보다 큰 목돈이에요.

이렇게 보면 무조건 보험에 들어 두는 것이 이득 같죠? 그렇지도 않습니다. 보험은 적금보다는 학원비에 가까워요. 둘 다 매달 꾸준히 내는 것은 같지만 적금은 나중에 낸 돈을 돌려주고 학원비는 돌려주지 않잖아요. 학원에 다니면서 성적이 오르지 않아도 결석을 많이 했어도 학원비는 돌려받을 수 없죠. 보험료도 마찬가지예요.

보험금을 받을 수 있는 상황은 우리 인생에 자주 일어나는 일도 아니고, 웬만하면 안 일어났으면 하는 일입니다. 예를 들어 가족을 두고 사망한다든지, 암에 걸려 수술을 받아야 한다든지, 집에 불이 나서 세간살이가 다 타 버린다든지, 교통사고를 당해 입원하는 경우 말입니다. '그런 일이 생기면 어떡하지' 하고 걱정은 되지만 자주 일어나는 일은 아니죠.

실제로 보험사는 보험상품을 만들 때 보험금을 지급할 상황이 일어날 확률을 계산합니다. 그래서 사람들에게 받을 보험료와 지급할 보험금이 비슷하게 상품을 설계하죠. (이런 일을 하는 직업이 보험계리사입니다) 간혹 낸 돈보다 많은 돈을 돌려받는 경우도 있겠지만, 가입자 전체로 보면 낸 돈과 받는 돈이 비슷하게 만들어져 있어요.

역사상 최초의 보험은 해상보험이었습니다. 바다 위에서 길을 잃는 경우도 많았고, 습한 환경 때문에 배에 실은 식량이 상해서 선원들이 굶어 죽는 일도 자주 일어났습니다. 선원들이 항해 중 사고를 당하면 육지에 남겨진 선원 가족은 생계가 어려워졌습니다. 풍랑에 배가 뒤집히기라도 하면 살아남더라도 수송 일정에도 차질이 생겨 약속대로 교역을 진행하지 못하니 상인들도 큰 손실을 입고 말이죠. 그래서 만에 하나 사고를 당할 경우 손해를 보상받기 위해 해상보험이 만들어졌어요. 이는 해상 교역이 왕성했던 14세기 이탈리아의 도시국가들과 스페인을 중심으로 발달했습니다.

현 기자가 취재한 1666년 런던대화재로 화재보험이 만들어지면서 셈이 빠른 상인들만 활용하던 보험을 이제는 보통 사람들도 널리 이용하게 되었습니다. 덕분에 대규모 화재나 질병 등 당시로서는 불가항력으로 여겨졌던 일도 미리미리 대비하는 방법이 생겼죠.

1706년에는 최초의 생명보험회사가 세워졌습니다. 보험료가 1년에 6파운드 4실링이었는데, 그해의 사망자 수에 따라 보험금이 적게는 120파운드에서 많게는 260파운드에 달했습니다. 지금으로 치면 매년 90만 원을 내고 1,500만 원에서 4,500만 원 사이의 보험금을 받는 셈이라고 해요. 사람의 목숨도 돈으로 가치를 계산해 보상받게 된 것인데, 바로 이 점 때문에 프랑스 같은 나라에서는 1900년대 후반까지 생명보험이 법으로 금지되어 있었습니다.[1]

사회보험과 민영보험

오늘날 보험은 크게 두 종류로 구분할 수 있습니다. 국가에서 제공하는 사회보장제도인 '사회보험'과 개인이 필요에 따라 자유롭게 가입하는 '민영보험' 이렇게요. 혹시 '4대보험'이라고 들어 보셨나요? 국민연금·건강보험·산재보험·고용보험, 이 4가지가 '4대 보험'입니다. 거의 모든 직장인과 일주일에 15시간(월 60시간) 이상 일하는 아르바이트 직원까지 의무적으로 가입해야 하는 보험이죠.

국민연금은 경제활동을 할 때 보험료를 내고 나중에 은퇴해서 소득이 없어지면 다달이 일정 금액을 받을 수 있도록 하는 제도입니다. 국민이 퇴직해서 소득이 줄어들 때를 대비해서 만들어진 사회보험이죠. 2022년 현재, 출생 연도에 따라 연금을 받는 나이는 다르지만 보통 60대에 수령합니다. 노후에 도움이 되죠.

건강보험 가입자는 소득과 재산에 따라 매달 일정 금액의 보험료를 내고 아플 때 저렴한 비용으로 의료기관을 이용할 수 있습니다. 우리나라는 모든 국민이 건강보험에 가입하게 되어 있어요. 제가 어릴 때는 병원에 갈 때 종이로 된 '건강보험증'을 꼭 들고 가야 했는데, 이제는 전산화돼서 주민등록번호만 이야기해도 되더라고요. 감기에 걸리거나 배탈이 나서 병원에 가도 진료비가 얼마 안 나오는데 진료비 대부분을 건강보험에서 내주고 환자가 일부만 부담하는 덕입니다.

산재보험은 사업주가 반드시 가입해야 하는 사회보험인데요. 일하다 사고를 당한 근로자와 유족에게 지급하는 보험입니다. 또 고용보험은 일자리를 잃었을 때 새로운 일자리를 구할 때까지 생계를 유지할 수 있도록 급여를 지급해 주는 보험입니다. 직장인이라면 회사가 매달 월급에서 이 4대보험료를 공제하고 남은 금액만 월급 계좌로 보내 주죠.

민영보험은 종류가 매우 다양한데 대표적인 보험 몇 가지만 알려 드릴게요. 생명보험은 사람이 사망하거나 일정 연령까지 생존하면 약속한 보험금을 지급하는 보험이에요. 유족들의 생활비 혹은 생존한 가입자의 노후 생활비를 받는 셈이죠. 특정 질병에 걸릴 경우 치료비를 지급하는 보험도 있는데 대표적인 것이 암보험입니다. 치료하는 동안 일을 쉬게 되어 소득이 줄어드는 위험과 갑자기 수술비 같은 큰 지출을 하게 될 위험을 대비하기 위한 보험이에요.

병원에 입원하거나 진료를 받을 때 내가 낸 금액을 보상해 주는 실손의료보험도 사람들이 많이 가입하는 보험입니다. 해외에 여행 가서 가방을 도난당하거나 병에 걸릴 때 보상받을 수 있는 해외여행 보험, 비싸게 산 스마트폰이 고장 나거나 스마트폰을

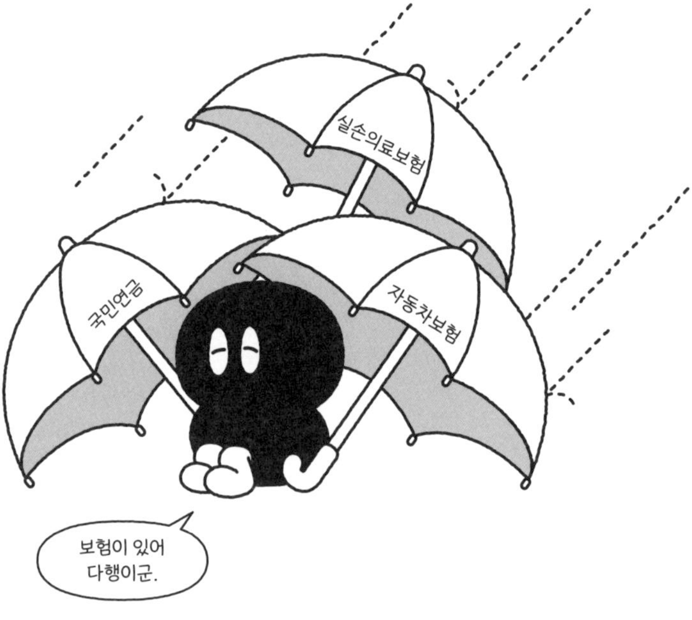
실손의료보험
국민연금
자동차보험
보험이 있어
다행이군.

잃어버렸을 때 보상해 주는 스마트폰 보험도 가입하는 사람이 점점 늘어나는 추세예요.

민영보험 중에도 의무적으로 가입해야 하는 보험이 있어요. 바로 자동차보험입니다. 자동차보험은 법적으로 자동차를 소유한 모든 사람이 꼭 가입해야 하는 보험이에요. (이는 많은 사람의 안전을 위한 것으로 가입하지 않으면 과태료가 부과돼요) 성인이 되면 자가용을 사고 싶은 분들이 있을 텐데, 차량 가격 외에 연료비, 보험료도 생각보다 큰 부담이랍니다.

이런 보장 목적의 보험들과 달리 보험회사에 낸 보험료보다 만기 때 더 많은 돈을 받는 '저축성보험'이란 것도 있는데요. 실제로는 사업비↘ 명목으로 떼어 가는 돈이 많고 수익률도 다른 금융상품에 비해 그리 높지 않아서 덜컥 가입했다가 후회하는 경우가 많습니다.

보험료는 안심 비용

보험은 경제발전 수준이 낮은 사회일수록 인기가 있습니다. 가족 중에 가장이 혼자 돈을 버는 경우 가장이 혹여 다치거나 사망

↘ 보험사 직원 급여, 보험 홍보비 등 보험회사가 보험을 판매하고 관리하는 데 쓰는 돈.

하면 온 가족의 생계가 어려워지겠죠. 소득수준이 대체로 낮아서 저축을 통해 목돈을 만들어 둘 여유가 없고 사회보장제도마저 미비하다면 보험을 많이 들어 두는 것이 합리적인 판단일 수 있습니다. 수입이 끊기고 수술비나 사고 처리 비용으로 쓸 목돈이 없을 때 보험금이 큰 도움이 되니까요.

반대로 경제 수준이 높아지면 보험의 매력은 떨어집니다. 수백, 수천만 원 정도 목돈을 저축해 둔 중산층이라면 주기적으로 건강검진을 받기도 하고 평소에 건강관리를 하는 사람도 많겠죠. 금융에 대한 이해도가 높아진 사람들 머릿속에는 오히려 보험료 낼 돈으로 투자를 해서 돈을 더 벌어 두는 편이 낫다는 생각이 커집니다. 실제로 우리나라에서 경제적으로 풍족한 시대에 태어나 자란 밀레니얼세대, Z세대는 그 이전 세대에 비해 보험 가입률이 낮습니다.

보험에 가입했는데 평생 보험금을 받을 일이 없다면 억울할 수 있습니다. 보험료를 내기만 하고 받은 것이 없으면 손해를 본 것 같을 테니까요. 그런데 사실은 받은 것이 있습니다. 바로 '안심'이요. 고기 부위 안심 말고 걱정을 덜고 마음이 편안해지는 안심 말입니다. 릴렉스! 저는 보험의 가장 큰 장점은 많은 액수의 보험금보다도 불행한 일이 생길까 봐 걱정되는 마음을 조금 덜고 일상을 살아갈 힘을 얻는 데 있다고 생각합니다. 보험은 무조건 많이 가입하는 것이 좋은 것도 아니고, 아예 모르고 사는 것이 정답도 아닌 것 같습니다. '보험료는 안심 비용이다'라고 생각하면 자신에게 적당한 수준에서 보험을 잘 활용할 수 있을 거예요.

11. 재테크 똑똑이도, 책임 있는 경제인도

세금

시청자 여러분 안녕하십니까. 지금은 1773년 12월 17일이고, 이곳은 미국 매사추세츠주의 보스턴입니다. 오늘 보스턴은 간밤의 '티파티'(Tea Party) 이야기로 떠들썩합니다.

1773년이면 미국이 아직 영국 식민지였던 시절이군요. 그런데 티파티라니, 차 축제라도 열렸나요?

어젯밤 모호크족 원주민 복장을 한 사람들이 정박해 있던 영국 동인도회사의 배에 올라타 중국산 차 상자 342개를 바다에 던져 버리는 일이 있었습니다. 앞으로 '보스턴차사건'이라고 불릴 사건인데요. 미국 현지에서는 차를 바닷물에 던져 우려냈다는 비유를 들어 티파티라고 부르고 있습니다.

차를 바다에 던져 버리면 상품을 못 쓰게 됐을 텐데, 누가 왜 그런 일을 한 건가요?

네덜란드를 통해 차를 밀수하던 보스턴 상인들과 영국에서 마음대로 세금을 올린 것에 분노한 사람들입니다. 영국은 프랑스와 전쟁을 치르며 재정이 악화됐습니다. 쉽게 말해 나라 금고가 텅 비게 된 거죠. 그래서 국고를 채우기 위해 식민지인 미국에 설탕세 등 새로운 세금을 부과하고, 있던 세금도 올려 받기 시작했습니다. 그래도 돈이 부족하자 영국인들이 즐겨 마시는 홍차에도 세금을 붙이기로 했는데요.

이제까지 중국에서 생산되는 차를 유럽으로 제일 많이 가져오는 것이 네덜란드 동인도회사였습니다. 영국 본토와 식민지 미국에서도 밀수업자들을 통해서 네덜란드가 수입한 차가 주로 유통되고 있었습니다. 이런 상황에서 영국 정부가 홍차에 세금을 붙이기로 하면서, 영국 동인도회사에만 미국에 대한 홍차 독점판매권과 관세 면제권을 부여했습니다.

네덜란드를 통해 들여온 밀수품 말고 영국 동인도회사가 직접 수입한 차만 유통하겠다는 계획이었군요?

네, 그렇습니다. 덕분에 세금이 새로 붙어도 소비자가격은 전보다 낮아졌습니다. 그렇지만 기존에 네덜란드를 통해 홍차를 밀수하던 보스턴 상인들, 그리고 식민지 자치권을 존중하지 않고 영국 본토에서 마음대로 세금을 부과하는 것에 분노한 지식인들이 들고일어나 티파티 사건이 벌어졌습니다.

(목소리를 낮추며) 아직 여기 사람들은 모르는 이야기를 시청자 여러분께 전해 드리자면, 사실 이 사건이 미국독립전쟁의 도화선이 됩니다. 그리고 이 사건 이후로 미국인들에게 홍차 대신 커피를 즐겨 마시는 문화가 퍼지기 시작합니다. 이 사건이 아니었으면 스타벅스가 홍차 전문점이 됐을지도 모르겠습니다.

지금까지 보스턴에서 이현이었습니다!

소득 있는 곳에 세금 있다

여러분도 분명 세금을 낸 적이 있을 것입니다. 아직 직업도 없고 소득도 없는데 세금을 냈을 리가 없다고요? 과연 그럴까요? 일단 편의점에서 컵라면을 살 때만 해도 가격의 10%가 부가가치세로 숨어 있습니다. 은행에서 예·적금 상품에 가입한 적이 있다면 만기 때 원금과 함께 받은 이자 금액이 원금에 이자율을 곱한 것보다 적어서 의아했을 텐데요. 이자소득에 대해 세금 15.4%를 떼고 나머지 이자만 줘서 그렇습니다. 생각보다 세금은 많은 곳에 숨어 있어요.

혹시 어른들이 월급날 통장을 보며 "주는 것도 없이 세금만 많이 떼어 간다" 하고 볼멘소리 하는 것을 들어 본 적이 있으신가요? 사실 제가 그렇습니다. 연봉이 올라서 신났는데 막상 입금된 월급을 보면 소득세, 지방소득세 떼고 보험 편에서 등장했던 국민연금, 건강보험, 고용보험, 장기요양보험 등 사회보험료까지 떼니 기대한 것보다 적은 금액이 들어와 있어요. 자동차세, 재산세 고지서가 날아올 때도 한숨이 나옵니다. 어른이 될수록 내야 하는 세금도 많아지네요.

이런 마음을 '조세 저항'이라고 합니다. 납세의 의무를 알면서도 되도록이면 세금을 안 내고 싶은 마음이죠. 혹여나 세금 부담이 늘어나면 이런 마음이 더 커집니다. 현 기자가 취재한 보스턴 차사건과 미국의 독립전쟁도 조세 저항이 출발점이었죠.

조세 저항과 관련된 '웃픈' 이야기가 또 하나 있습니다. 1696년 영국 잉글랜드에서 집의 창문 수에 따라 세금을 매기는 '창문세'가 도입됐습니다. 창문 숫자는 세기도 쉽고 대체로 집이 클수록 창문이 많아서 얼추 부자들이 세금을 많이 내고 가난한 집은 세금을 덜 내는 효과도 있었어요. 그런데 집주인들이 세금을 덜 내려고 창문을 몇 개씩 틀어막기 시작했습니다. 햇빛과 바깥 풍경을 포기하고서라도 세금을 덜 내겠다는 의지인 거죠. 지금도 영국의 건물 일부에는 이때 막은 창문이 남아 있다고 합니다.

조세 저항 이야기를 먼저 꺼냈지만 모든 국민에게는 납세의 의무가 있습니다. 국민들이 세금을 내야 정부가 공무원도 고용하고, 소방서·경찰서·학교 같은 필수 서비스 기관도 운영할 수가 있으니까요. 그래서 국가를 유지할 수 있도록 모든 국민이 세금을 부담하기로 사회적으로 약속한 것이죠. 그렇다고 당장 쌀을 살 돈도 없는 사람에게까지 무턱대고 세금을 걷어 가지는 않습니다. 소득과 재산을 고려해서 여유 있는 사람이 세금을 많이 내고, 생계가 어려운 사람은 세금을 적게 내거나 면제받도록 되어 있습니다.

예를 들어 근로소득세는 소득금액을 구간으로 나누어, 버는 금액에 따라 세율↘을 다르게 적용합니다. 1,200만 원 이하는 세율이 6%밖에 안 되지만, 8,800만 원 초과 1억 5,000만 원 이하 구간은 세율이 38%나 됩니다. 고소득자일수록 소득 대비 세금 비율이 높아지겠죠. 집을 가진 사람들이 내야 하는 세금도 집값이 비쌀수록, 보유한 집이 많을수록 늘어납니다.

경제활동을 하면 "소득 있는 곳에 세금 있다"라는 이 한마디를 꼭 기억해 두세요. 정부가 펴는 조세정책의 기본 원칙이거든요. 우리나라에서는 일해서 번 돈에도, 주식투자를 잘해서 시세차익으로 번 돈에도, 아파트를 샀던 가격보다 비싼 가격에 팔아 남긴 돈에도 세금을 부과하는 것이 원칙입니다. 다만, 여러 가지 이유로 일정 조건에 부합하는 경우 세금을 깎아 주거나 면제해 주기도 합니다.

이 책을 쓰고 있는 2022년에는 정부가 비트코인 같은 암호화폐를 사고팔아 번 돈에도 세금을 부과할 수 있게 세법을 바꾸려고 노력하고 있습니다.[1] 소득 있는 곳에는 어떻게든 세금 고지서가 날아오는 법입니다.

↘ 세금을 매기는 비율.

개인도 기업도 세금을 낸다

아까 살짝 이야기한 것처럼 소비에 붙는 세금도 있습니다. 우리는 물건을 살 때마다 물건 가격의 10%를 부가가치세로 내고 있습니다. 보통 가격에 포함되어 있어서 눈치채지 못하는데, 물건이나 서비스를 판매하는 쪽에서 판매 대금과 같이 받아 뒀다가 세금을 내는 것이죠.

부가가치세는 모든 물건에 같은 세율을 적용하기 때문에 실제 체감하는 세부담은 부유층보다 저소득층이 더 클 수 있어요. 1년에 1,000만 원 버는 사람이나 1억 원을 버는 사람이나 칫솔, 휴지, 생수 등등 생필품에 쓰는 돈은 비슷하잖아요. 부자라고 이를 몇 번 더 닦고, 물도 서너 배로 마시는 것은 아니니까요. 하지만 부자에게는 별거 아닌 것처럼 느껴지는 생필품 구입비도 저소득층에게는 부담일 수 있습니다.

그래서 소비에 붙는 세금도 여유 있는 사람이 더 내도록 유도하려고 사치품에 특별히 세금을 많이 붙입니다. 사치품은 아니지만 소비를 억제할 필요가 있는 경우에도 개별소비세가 붙어 있죠. 수입 명품 가방, 보석, 자동차, 유류(휘발류·경유·등유), 골프장, 경마장, 카지노 등이 개별소비세 대상입니다.

소득에 따라 세금을 내는 것은 기업도 마찬가지입니다. 법인세↘도 많이 번 회사가 더 많이 내도록 되어 있습니다. 대통령선거 때는 법인세율을 낮추겠다 혹은 높이겠다는 공약이 단골처럼 등장하곤 합니다. 법인세율을 낮추겠다는 후보는 그래야 기업들이 힘을 내서 돈을 더 잘 벌고 일자리도 많아진다고 주장하겠죠. 반대로 법인세율을 높이겠다는 후보는 국민들 덕분에 돈을 많이 번 기업이 세금을 더 많이 부담하는 게 공정하다는 주장을 펼치고요.

최근에는 애플, 구글, 넷플릭스 같은 글로벌 대기업의 법인세가 논란거리였습니다. 이런 기업들은 그야말로 '국경 없이' 사업을 확장해서 돈을 벌죠. 그동안 이런 회사들은 세금을 아끼려는 꼼수로 '조세피난처'를 이용해 왔습니다. 어떤 나라에서 수익을 얻었는데 그 나라가 세금을 높게 매기고 있다면, 그 수익을 세금을 낮게 매기는 나라에 있는 계열사로 넘겼던 거죠. 세금을 적게 내려고요.

이런 일을 막기 위해 2021년 10월에 주요 20개국(G20)이 모여서 '디지털세'에 합의했어요. 실제 서비스를 공급하고 돈을 번 나라에서 세금을 내도록 하고, 세계 어느 곳에서 사업을 하더라도 15% 이상의 세금을 반드시 내도록 글로벌 최저 법인세 기준을

↘ 기업의 소득에 대해 부과하는 세금.

돈을 번 만큼
세금 내는 건 당연하지!

으, 세금 폭탄
싫어!

도입하기로 약속했습니다.

그 밖에 가족에게 재산을 증여받거나 돌아가신 부모님의 유산을 상속받는 경우 각각 증여세, 상속세를 내야 합니다. 외국 상품이 대한민국 땅에 도착하면 거기에도 '관세'라는 세금이 붙습니다. 개인적으로 해외 상품을 '직구'할 때도 개인통관고유부호를 입력해야 하고, 면세 기준 금액보다 비싼 물건을 주문하면 세금을 내야 한다고 연락이 옵니다. 해외여행 떠나면서 면세점에서 산 물건도 한국에 다시 갖고 들어와 사용하려면 세금을 내는 것이 원칙인데요. 소비를 활성화하려고 일정 범위까지는 세금을 면제해 주고 있어요.

이처럼 세금을 계산해 부과하고 제때 내는지 확인하고 독촉하는 것은 매우 중요한 나랏일입니다. 소득세, 법인세, 부가가치세, 상속세 등은 국세청에서 부과하고 징수합니다. 수입할 때 붙는 세금은 관세청에서 관리해요. 주민세, 자동차세, 지방소득세 등은 서울특별시, 경기도 등등 각 지방자치단체가 걷어 가는 세금이고요.

세금을 알면 세상이 보인다

이번 편에서 세금 이야기를 한 중요한 이유가 있습니다. 우선 세금을 잘 알면 재테크를 잘할 수 있어서예요. 직장인이라면 '연말정산'을 합니다. 미리 원천징수[↴]한 세금이 실제 소득에 맞게 부과됐는지, 세금 혜택을 받을 대상은 아닌지 다시 계산해 보는 것입니다. 만약 본인의 소득 기준에서 내야 하는 세금보다 더 많은 세금을 걷어 갔다면 나라에서 그만큼의 금액을 다시 돌려주는 거죠.

국민들이 돈을 모으고 모은 돈으로 투자 경험을 쌓도록 유도하기 위해 세금 혜택을 주기도 하는데요. 개인종합자산관리계좌(ISA)에 넣어 열심히 자산을 관리하거나 개인연금, 퇴직연금 상품으로 노후 생활비를 미리 준비해 둔 사람들에게도 세금 혜택을 줍니다. 이런 상품을 잘 활용하면 한 푼이라도 더 아낄 수 있죠.

또 투자상품을 고를 때 세금을 내면 얼마를 남길 수 있는지까지 생각할 필요가 있습니다. 예를 들어 테슬라나 로블록스 같은 미국 주식에 투자해서 돈을 벌면 250만 원까지는 세금을 안 내도 되지만 그 이상일 경우 양도소득세 22%를 내야 합니다. 그런데 만약 투자했다가 손해를 보고 판 종목이 있다면 그 손해액만큼 빼고 계산되기 때문에 세금을 덜 낼 수도 있습니다. 한편 부동산을 사고팔 때도 세금이 붙고, 보유하는 동안은 재산세를 내야 하기

↴ 소득이나 수익을 주는 쪽에서 그 금액을 받는 사람이 내야 할 세금을 미리 떼어서 대신 내는 제도.

때문에 살 때보다 비싸게 팔았다 해도 실제로 남는 돈은 별로 없는 경우도 있고요. 세금에 대해 잘 따져 봐야 성공적인 투자를 할 수 있겠죠?

세금에 대해 알아야 할 두 번째 이유는 사회를 보는 눈을 기르기 위해서입니다. 조세정책에는 굉장히 많은 사회적 의미가 담겨 있습니다. 세금을 많이 걷을지 적게 걷을지 결정하는 것부터가 그렇죠. 시장의 자유를 중요하게 여기는 사람들은 자본가들이 투자를 늘려서 경제 규모를 키우는 것이 모두에게 더 좋다고 주장하며 세율을 낮추고 싶어 합니다. 반대로 복지를 중시하는 사람들은 세금을 많이 걷는 편이 낫다고 생각합니다. 국가가 직접 복지서비스를 제공해서 빈부격차 때문에 생기는 여러 사회 갈등을 해결하는 것이 시급하다고 보니까요.

누구에게 세금을 더 받을 것인가도 생각할 부분이 많은 문제입니다. 돈이 많은 사람에게 세금을 더 받는 것이 나은지, 납세 의무가 있는 국민 모두에게 나눠 받는 것이 더 공평한지 등의 기준은 그 나라의 정치나 경제 제도와도 밀접히 연결되어 있습니다. 또 부가가치세처럼 모두에게 똑같이 부과했지만 결과적으로 체감하는 세 부담은 공평하지 않을 수도 있고요.

개인적으로 저도 세금 내는 것이 달갑지는 않지만, 그래도 여력이 되는 사람에게 세금을 더 많이 부과하는 것은 공정한 일이라고 생각합니다. 절세 혹은 '세테크'로 미화한 사실상의 탈세로 돈을 번 것을 부끄러워하지 않는 사람들이 간혹 있습니다. 여러분은 국민으로서 책임을 다하면서 세제 혜택도 잘 활용하는 현명한 경제인이 되시길 바랍니다.

12. 결제수단은 진화한다

신용카드, 암호화폐

시청자 여러분 안녕하십니까. 깜빡하고 지갑을 두고 나가도 종일 불편함이 없는 세상이 됐습니다. 결제서비스가 나날이 발전한 덕분인데요. 오늘은 현 기자가 결제수단에 대해 취재했다고 합니다. 현 기자, 오늘은 어디인가요?

네, 이곳은 2016년 미국 시애틀입니다. 12월이라 그런지 연말연시 분위기가 물씬 풍깁니다. 그런데 갑자기 중계가 잡히는 바람에 제가 밥을 못 먹어서 샌드위치와 음료수 하나만 갖고 나가겠습니다.

어어, 계산도 안 하고 그냥 가지고 나오면 어떡합니까?

아, 여기는 물건을 집어서 나오면 자동으로 결제가 되는 매장입니다. 아마존 본사 건물에 '아마존 고'라는, 세계 최초의 무인점포가 문을 열었다고 해서 취재 겸 와봤습니다. 보시다시피 점원도 없고 계산대도 없습니다.

고객이 셀프 계산을 하는 것도 아니라면 어떻게 물건값을 내죠?

천장에 달린 카메라가 고객의 움직임과 위치, 어떤 상품을 잡는지 인식합니다. 그리고 선반에 무게를 감지할 수 있는 센서가 있기 때문에 상품을 몇 개 잡았는지도 자동으로 인식되고요. 앱을 다운받은 스마트폰을 들고 매장에 들어가서 물건을 들고 나오면 곧바로 결제까지 됩니다. 여기 제 스마트폰 화면을 보시면 이 샌드위치와 음료수가 이렇게 결제된 것을 확인할 수 있습니다.
세계 최초의 무인 슈퍼마켓을 보여 드리기 위해 여기까지 왔습니다만, 사실 이런 무인점포가 2022년 서울에도 속속 문을 열고 있기 때문에 시청자 여러분도 이렇게 물건을 사는 경험이 아주 낯설지는 않을 것 같습니다.

'식사하는 사람들 클럽'이 신용카드를 만들다

여러분은 물건값을 치를 때 어떤 결제수단을 자주 이용하나요? 현금? 체크카드? 문화 상품권? 저는 아이폰 말고 갤럭시폰을 쓰기 때문에 삼성페이를 애용합니다. 지하철 개찰구도 스마트폰을 태그하고 통과하고요. 물론 실제 결제는 등록해 둔 신용카드를 통해서 일어나죠. 친구들과 식사를 하고 나서는 계산한 친구에게 카카오페이로 N분의 1만큼 돈을 보내고요.

요즘은 지폐나 동전을 쓸 일이 정말 없어요. 그래도 찬바람 불면 언제 어디서 붕어빵 파는 노점을 만날지 몰라서 현금을 꼭 갖고 다니곤 했는데, 이제는 붕어빵 가게에도 계좌번호를 적어서 붙여 놓았더라고요. 미래에는 로봇 팔이 구워서 올려 둔 붕어빵을 손님이 종이봉투에 담아 가면 센서가 스스로 계산해서 돈을 빼 가는 날이 오지 않을까 상상해 봅니다.

미래에는 이렇게 돈을 썼다는 사실도 인지하지 못하는 방법으로 결제가 진화할지 모르겠지만, 아직까지 우리나라에서 가장 많이 사용되는 결제수단은 신용카드입니다. 국내에서 개인이 발급받은 신용카드는 1억 장이 넘는데요. 우리나라 인구수 기준으로 국민 1명이 2.03장씩 카드를 갖고 있는 셈이죠. 20세 이상 성인 인구로만 따지면 1인당 평균 2.44장씩 신용카드를 보유하고 있다

는 계산이 나옵니다.[1]

신용카드가 세상에 처음 나온 것은 20세기 초입니다. 옛날에는 서로 잘 아는 사이에서만 외상이 가능했어요. 같은 동네에 사는 가게 주인에게 외상으로 물건을 사고 혹시 외상값을 갚지 않더라도, 가게 주인이 외상 진 사람 집 주소에 가족들 얼굴까지 훤히 다 알고 있어야 돈 떼일 일이 없을 테니까요.

그런데 19세기에 도시가 발달하면서 작은 도시마다 수십만 명이 모여 살게 되었습니다. 도시에서는 시골과 달리 아는 사람과 거래할 일보다 모르는 사람과 거래할 일이 더 많죠. 그래서 1920년대 미국의 대형 백화점이 '외상 표'를 만듭니다. 이 외상 표가 신용카드의 전신입니다. 손님 얼굴을 모르는 직원이 근무하고 있더라도 손님이 외상 표에 이름을 서명하고 물건을 사 갈 수 있도록 했어요. 그렇지만 한 백화점에서만 쓸 수 있다 보니 쇼핑을 즐기는 고객들은 외상 표 여러 개를 들고 다녀야 해서 불편했죠.

1949년 뉴욕의 한 레스토랑에서 식사를 하던 프랭크 맥나마라의 머릿속에 아이디어가 하나 떠올랐습니다. '여러 식당과 제휴를 맺어 어느 가게에서든 외상으로 밥값을 낼 수 있는 종이카드를 만들어 주변 사람들에게 나눠 주면 어떨까!' 이것이 진짜 신용카드의 시작이었어요. 맥나마라는 1951년 세계 최초의 신용카드 회사 '다이너스 클럽'을 세웠습니다. 다이너(diner)는 식당에서 식사하는 사람을 뜻합니다.

다이너스 클럽이 출장과 접대가 잦은 영업 사원 사이에서 인기를 끌면서 신용카드 회사가 점점 늘었습니다. '아메리칸 익스프레스' 사에서는 플라스틱 카드를 내놓았고, 1980년대에는 CIA 신분증에 쓰기 위해 개발됐던 마그네틱 띠를 카드에 붙이는 데 성공하면서 우리에게 익숙한 지금의 카드 모양이 완성됐습니다.

요즘은 카드를 '긁는' 경우보다 카드를 '꽂아' 넣거나, 스마트폰을 '태그'하는 경우가 더 많잖아요. 그런데도 쇼핑을 다녀오거나 친구들에게 밥을 살 때 카드를 '긁는다'는 표현을 많이 쓰는데, 이 마그네틱 띠를 단말기에 긁던 습관 때문에 생긴 표현입니다.

마그네틱 띠 덕분에 신용카드 사용이 간편해졌지만, 너무 많이 긁다 보면 마그네틱 띠가 손상돼 카드 인식이 안 되는 일이 자주 벌어졌습니다. 그래서 요즘 발급되는 카드에는 손톱만 한 IC칩이 붙어 있어요. IC칩은 마그네틱 띠보다 저장용량도 크고 내구성이 좋거든요. 매장 점원이 "결제하실 카드를 앞에 있는 단말기에 꽂아 주세요" 할 때 이 IC칩을 이용해 결제하는 거예요.

전 세계 어딜 가도 신용카드 크기는 똑같습니다. 가로 85.60㎜, 세로 53.98㎜인 직사각형 모양이죠. 신용카드 규격은 국제표준으로 지정돼 있습니다. 덕분에 카드회사가 다르거나 발급받은 지역이 달라도 어디서든 카드를 긁을 수 있어요.

우리나라에서는 1969년 신세계백화점이 자체 판매촉진을 위해 처음으로 신용카드를 발급했습니다. 물론 신세계백화점에서만 사용할 수 있는 카드였죠. 1978년 외환은행이 비자(VISA) 인터내셔널과 제휴해 비자카드 발급을 시작하면서 본격적으로 신용카드 서비스가 시작됐습니다.[2]

쓸데없는 빚을 만들지 않으려면

신용카드가 전 세계적으로 보급된 비결이 있습니다. 현금보다 가지고 다니기 쉽고 결제 과정이 간편하다는 점, 또 당장 통장에 돈이 부족해도 일단 외상으로 살 수 있다는 점 때문이죠.

신용카드도 결국은 대출입니다. 외상으로 결제하고 다음 달 약속한 날에 카드사에 돈을 갚는 구조예요. 그래서 카드사가 신용조회를 해서 신용도가 높거나 일정한 수입이 있는 사람에게만 발급해 주죠. 대학생 언니, 오빠가 카드로 결제하는 것을 봤다고요? 소득이 없는 학생들은 신용카드 발급이 안 되기 때문에 통장에서 결제금액이 바로 빠져나가는 '체크카드'를 주로 씁니다.

신용카드는 수입과 지출이 계획대로 흘러가지 않을 때 막힌 물길을 살짝 뚫어 주는 역할을 하기도 합니다. 갑자기 소득보다 훨씬 큰돈을 쓸 일이 생긴다든지, 일하는 데 꼭 필요한 장비를 사야 하는데 당장은 돈이 없지만 다음 달부터는 월급이 들어올 예정일 경우 등에는 신용카드가 큰 도움이 될 수 있어요.

그렇지만 신용카드를 너무 믿다가는 과소비를 하거나 빚의 굴레에 갇혀 버리는 수가 있어요. 사람들은 현금으로 결제할 때보다 신용카드를 쓸 때 돈을 더 많이 쓰는 경향이 있기 때문입니다. 현금결제는 금액도 맞게 꺼냈는지 한 번 더 확인하고 다른 사람 손에 돈을 넘겨주는 장면을 보게 되잖아요. 내가 힘들게 번 돈이 나가는 장면을 보기 때문에 '꼭 필요한 소비인가' 한 번 더 생각하는 효과가 있습니다. 반면 카드는 긁고 나서 다시 내 지갑으로 돌아오죠. 당장 한꺼번에 돈을 내지 않아도 몇 달에 나눠 갚을 수 있는 '할부' 서비스도 과소비를 유도하기 쉽습니다.

자신의 경제 수준을 고려하지 않고 카드를 긁다가 카드명세서를 보고 놀라는 어른들이 많아요. 카드 대금을 낼 돈이 없어서 결제일에 일부 금액만 내고 나머지는 카드사에 빌렸다 나중에 갚는 '리볼빙', ATM에서 바로 돈을 빌리고 뽑는 '현금서비스' 등 부가서비스까지 이용하는 경우도 있어요. 이런 서비스는 이자율이 연 10~30% 수준으로 무척 비쌉니다. 빚이 몇십만 원에서 수백만 원으로 순식간에 불어나게 됩니다. 이런 서비스를 이용하기 전에 한 번 더 생각해 보고 곤란해지지 않도록 조심해야겠죠?

인간은 어쩔 수 없이 편한 쪽을 선호합니다. 현금결제보다는 신용카드 결제가 간편합니다. 매달 사용료 고지서를 확인하고 금액을 맞춰 입금할 때보다는 자동이체가, 매번 결제하는 것보다 선불 결제를 하는 쪽이 편리하고요. 그런데 여러분이 꼭 알아야 할 진실이 하나 있습니다.

재화·서비스를 만들어 파는 기업이나 결제서비스 업체들은 우리가 돈을 더 많이 쓰길 바랍니다. 그래야 기업의 이윤이 극대화되니까요.

그래서 기업들은 돈을 더 많이 쓰게 하려고 결제 과정을 점점 편리하게 진화시키고 있습니다. 결제할 때마다 지출 금액을 확인하지 않아도, 지갑을 열어 보거나 통장 잔액을 확인해 보지 않아도 일단 물건을 가져갈 수 있게 말이에요. 게임처럼 소비할 때마다 포인트를 지급해서 소비를 더 '즐겁게' 만들기도 하고요. 기술이 더 발전하면 돈을 쓰는지도 모르고 쓰는 세상이 되겠지만, 우리는 필요한 만큼만 쓰고 쓸데없는 빚은 만들지 않도록 정신줄을 꽉 붙잡고 있기로 해요.

#비트코인 #암호화폐 #블록체인

금융기관과 기업들이 금융소비자에게 불리한 판을 만드는 것을 싫어하는 사람들이 만들어 낸 지급결제 수단도 있어요. 삼성카드나 국민은행, 카카오페이 같은 중개인을 통해 돈을 넘겨줄 때는 반드시 기록이 남습니다. 중개인이 결제금액과 돈 낸 사람, 받을 사람을 잘 기록해 둔 덕분에 필요할 때 돈을 잘 전달받을 수 있죠. 중개인은 이런 수고를 해 주는 대신 돈 내는 사람과 돈 받을 사람에게 수수료를 받습니다. 이런 방식이 지금 가장 보편적인 결제시스템입니다.

그런데 2008년 '사토시 나카모토'라는 가명의 인물이 비트코인이라는 새로운 화폐를 제안했어요. 비트코인의 가장 특별한 점은 중개인 없이 암호 퍼즐을 푸는 컴퓨터네트워크가 거래내역을 기억한다는 점입니다. 여기에 적용되는 기술이 블록체인 기술이고요. 거래내역을 중개인이 혼자 다 적어 두는 것이 아니라 비트코인을 들고 있는 모든 사람이 장부를 나눠 보관할 수 있게 만드는 기술이죠. 이렇게 되면 금융기관이나 중앙은행의 통제를 벗어날 수 있겠죠? 그래서 비트코인 같은 암호화폐를 활용하는 금융 서비스를 '탈중앙화된 금융시스템'이라고 표현하기도 합니다.

비트코인을 사용한 최초의 거래는 피자 배달이었어요. 2010년 미국 플로리다주에 살던 라스즐로 핸예츠라는 사람이 비트코인 1만 개를 주고 피자 2판을 주문하는 데 성공했습니다. 당시에는 비트코인이 오프라인시장에서 결제수단으로 통용되기 어렵다는 생각이 많았기 때문에 1만 비트코인의 시세가 41달러밖에 안 됐죠. 2022년에는 1비트코인의 시세가 5,000만 원이 넘습니다. 라스즐로는 5,000억 원을 주고 피자 2판을 시켜 먹은 셈이죠.

10여 년 사이 비트코인을 비롯한 암호화폐 가격은 로켓처럼 치솟았습니다. 그런데 바로 이 이유 때문에 아직 암호화폐는 안정적인 결제수단으로 인정받지 못합니다. 시세 변동 폭이 너무 크면 보편적인 결제수단이 될 수 없으니까요.

생각해 봐요, 1만 원짜리 지폐가 어떤 날에는 피자 1조각 값인데, 어떤 날에는 노트북 하나를 사고도 남을 정도의 가치가 있다면, 마음 놓고 이 돈을 결제수단으로 쓸 수가 있을까요? 지불하는 입장에서는 시세가 더 오를까 봐 못 내놓겠고, 지급받는 입장에서도 언제 가치가 폭락할지 모르는 돈을 받기 불안하겠죠.

또 한 가지 문제는 금융 생활에서는 중개인이 필요한 순간이 아직 많다는 점입니다. 예를 들어 비트코인을 넣어 둔 전자지갑 번호를 잊어버리면 돈을 날릴 수도 있습니다. 실제로 비트코인 가격이 급등한 2021년 초, 미국의 한 컴퓨터프로그래머가 10년 전에 영상을 제작한 대가로 비트코인을 받았는데 비밀번호를 잊어버려서 2,600억 원어치 비트코인을 날릴 위기에 놓였다는 기사가 있었죠.[3] 은행 입출금통장에 넣어 둔 돈이었다면 은행에 연락해서 비밀번호를 재설정할 수 있을 테지만, 블록체인은 중개인이 없기 때문에 사고가 발생해도 개인이 모두 책임져야 합니다. 과연 비트코인은 보편적인 결제수단이 될 수 있을까요?

13. 경제에 '늘 똑같이'란 없다

경기와 물가

안녕하십니까. 저는 지금 2021년 12월, 미국 뉴욕에 나와 있습니다.

아, 크리스마스 시즌의 뉴욕이 그렇게 예쁘다던데 사심 출장 아닌가요? 아무튼 뉴욕까지 출장 간 김에 '1달러 피자'도 꼭 먹어 보세요. 뉴욕의 명물입니다.

'2브로스피자' 가게의 조각 피자 말씀이시군요. 그 피자 이제 1달러가 아닙니다. 최근 조각 피자값을 1.5달러로 올렸습니다.

1달러 피자가 없어졌다고요? 50센트지만 가격을 50%나 올렸네요?

요즘 우리나라도 그렇지만 미국은 인플레이션이 더 난리입니다. 소비자물가상승률이 7%에 가까울 정도로 아주 높습니다. 피자 원재료만 해도 가격이 다 크게 올랐습니다. 1년 전과 비교하면 밀가루는 50%, 토마토는 76% 비싸졌고 가스비도 20% 올랐습니다. 거기다 직원들 인건비도 많이 올랐고요.
미국의 대표적인 1달러 상점 '달러트리'도 상품 가격을 25% 올렸습니다. 한국의 '천냥마트'나 '다이소'와 비슷하다고 생각하시면 되는데요. 1986년 창업 이래 제품 가격을 1달러로 유지하고 있었습니다. 그런데 인건비와 물류·유통비용이 치솟으면서 가격표를 1달러에서 1달러 25센트로 바꿔 달기로 결정했습니다.
물가 고공 행진이 멈출 기미가 보이지 않자 미국 중앙은행 연방준비제도가 내년에는 기준금리를 높일 것이라고 예고하고 있습니다. 금리가 오르면 인플레이션이 해소될지 지켜봐야겠습니다.
지금까지 뉴욕에서
이현이었습니다.

스타벅스 커피로 물가를 알 수 있다고?

커피 전문점 스타벅스는 세계 어느 도시를 가도 찾아볼 수 있습니다. 메뉴판도 어느 지역 스타벅스 매장이든 거의 같고, 음료 사이즈와 재료도 똑같아요. 같은 음료 가격을 비교하면 대략적인 물가수준을 비교해 볼 수 있습니다. 그래서 '스타벅스지수'(Starbucks Index)라고 부르죠.[1] 패스트푸드가 한창 인기를 끌던 시절에는 맥도날드 햄버거 가격을 비교한 '빅맥지수'가 비슷한 역할을 했습니다.

그러면 전 세계에서 스타벅스 커피 가격이 가장 비싼 도시는 어디일까요? 덴마크 코펜하겐입니다. 2019년 기준으로 톨 사이즈 라테 한 잔이 6.05달러였습니다. 덴마크는 살인적인 물가로 유명한 나라죠. 높은 물가 하면 빠지지 않고 거론되는 스위스도 스타벅스지수 2위를 기록했습니다.

반대로 가장 싼 곳은 터키 이스탄불로 1.78달러면 스타벅스 라테 한 잔을 마실 수 있습니다. 대한민국 서울은 3.88달러로 가격표를 조사한 76개 나라 중 32위였고요. 저는 코펜하겐과 이스탄불을 모두 가 봤는데요. 실제로 이스탄불에서는 매일 먹고 싶은 것을 양껏 사 먹었던 반면, 코펜하겐에서는 패스트푸드점 햄버거 세트 하나도 거의 3만 원에 육박해 손을 떨며 계산했던 기억이 납니다.

가격은 물건을 사기 위해 지불해야 하는 돈의 액수입니다. 물가는 시장에서 거래되는 여러 상품의 종합적인 가격수준이죠. 그리고 여러 상품의 가격수준을 조사해서 특정 시점을 기준으로 그때보다 물가가 높은지 낮은지 알아보는 수치가 물가지수입니다.

같은 나라에서도 시대에 따라 물가가 달라집니다. 퇴계 이황이 인쇄된 1천원 권이 1975년에 처음 나왔을 때 1,000원짜리 한 장으로 짜장면 3그릇을 사 먹을 수 있었대요. 2020년에는 짜장면 1그릇 가격이 평균 6,500원입니다. 45년 사이 같은 1천 원권의 가치가 짜장면 3그릇에서 짜장면 6분의 1그릇(한 젓가락 정도 되겠네요)으로 내려간 셈이에요.[2]

인플레이션은 왜 생길까?

물가는 시간이 지날수록 조금씩 오릅니다. 경제가 성장하기 때문이기도 하고, 통화량이 계속 늘어나기 때문이기도 합니다. 그렇지만 물가가 큰 폭으로 오르는 것은 다른 문제입니다. 물가가 전반적으로 계속 올라 대중의 실질적 소득이 줄어드는 현상을 '인플레이션'(inflation)이라고 합니다. 인플레이션은 경제에 이상이 생겼다는 신호일 수 있어요.

경제가 호황일 때 물가가 많이 오릅니다. 호황이니까 사람들이 버는 돈도 많아지고, 앞으로도 경기가 좋을 거라고 생각하죠. 그래서 돈을 전보다 많이 씁니다. 새 차도 사고, 멋있는 레스토랑도 자주 가고, 가족들 선물도 전보다 비싼 것으로 사고 말이죠. 물건을 사려는 마음(수요)이 커지는데, 기업들이 물건 만들어 내는 속도(공급)가 따라가지 못하면 인플레이션이 일어납니다.

물건을 만드는 쪽에서 문제가 생겨 인플레이션이 발생하기도 해요. 예를 들어 기름값(유가)가 오르면 소비자가격이 전체적으로 오릅니다. 석유로 만든 것도 아닌데 왜 가격이 오를까요?

일단 유가가 올라가면 생산지에서 판매점까지 배달하는 데 들어가는 운송비가 올라가요. 비행기도 화물차도 기름을 넣어 움직여야 하니까요. 또 전기에너지 만드는 가격도 비싸져서 공장 돌리는 데 들어가는 비용이 올라갑니다. 생산비용이 올라가면 기업은 판매하는 가격을 올려 버리죠. 물가가 오르면 노동자들도 실질임금이 하락하지 않게 임금인상을 요구하기 때문에 생산비가 또 오릅니다.

수요도 그대로 생산가격도 그대로인데 인플레이션이 일어나는 경우도 있어요. 세상에 돈이 많아졌을 때 그렇습니다. 코로나19처럼 경기가 침체에 빠질 것 같은 위기 상황이 닥치면 정부와 중앙은행이 통화량을 늘리죠. 기업들이 돈을 빌리기 어려워지고, 사람들이 지갑을 닫으면 불황이 올 테니 그것만은 막아 보려고 시중에 돈을 뿌립니다. 사람들 주머니에 돈이 많아집니다. 기업이 만들어 내는 물건이나 서비스가 늘어난 것은 아니고 돈만 많아지는 거예요. 그래도 주머니가 두둑해졌으니까 돈을 쓰려는 마음은 전보다 커지죠. 호황 때처럼 물가가 오릅니다.

인플레이션이 왜 문제냐면

한 달에 얼마씩 용돈을 따로 모으고 있다고 생각해 볼까요? 서랍 제일 깊숙한 곳에 두어도 좋고 은행 계좌에 넣어 두어도 좋아요. 자, 1년 동안 목표 금액 20만 원을 거의 다 모았습니다. 그런데 그 사이 인플레이션이 와서 1년 전에 20만 원으로 살 수 있었던 것들이 이제는 30만 원으로 가격이 다 올라 버렸습니다. 1만 원권 지폐 20장은 그대로인데, 가치는 1년 전 1만 원권 지폐 15장만도 못하게 내려가 버렸죠.

인플레이션의 첫 번째 문제는 돈을 가만히 두면 가치가 뚝뚝 떨어진다는 것에 있습니다. 은행예금이나 채권을 사도 이자로 받는 돈의 가치가 예전만 못하니 실질 가치를 따져 보면 오히려 손해를 볼 수도 있어요. 이렇게 되면 돈이 예금보다 부동산투기에 몰리게 됩니다.

개인에게는 돈의 가치가 내려가는 상황에서 실체가 있는 아파트를 사는 것이 현명한 선택일 수도 있습니다. 하지만 경제 전체로 보면 부동산시장으로 돈이 다 들어가 버리는 것이 도움이 되지 않습니다. 은행예금으로 들어간 돈은 돌고 돌아 생산활동에 필요한 자금으로 쓰여서 경제가 돌아가는 데 도움이 되지만, 부동산시장에 들어간 돈은 생산활동으로 이어지지 않으니까요.

물가가 언제까지 계속 오를지 알 수 없는 상황에서 금융시장은 장기계약보다 단기계약 중심으로 돌아갑니다. 비유를 하자면 "고등학교 학비까지는 엄마가 지원해 줄게. 대학 등록금은 목표로 한 대학에 합격하면 도와줄게" 이게 장기계약이고, "중학교 1학년 2학기 학교 등록금이랑 학원비는 1학기 기말고사 성적 보고 내줄지 말지 결정할게. 2학년 학비 지원은 2학기 중간고사 성적을 보고 결정하자" 이게 단기계약입니다. 얼마나 불안합니까. 실수라도 하면 내년에 학교를 못 다닐 수도 있다는 압박감 때문에 공부에 집중도 안 될 것 같네요. 물론 한국은 중학교까지 의무교육이라 이런 일이 일어나지 않겠지만요.

아무튼 기업들도 단기계약만 할 수 있다고 하면 공장을 새로 짓는다든지, 연구·개발에 필요한 우수 인력을 채용하는 등의 장기적으로 비용이 많이 들어가는 투자를 꺼릴 것입니다. 기업의 투자가 위축된 채로 시간이 흐르면 결국 경기침체로 이어질 수밖에 없죠.

또 한 가지 현실적인 문제는 평범한 사람들의 소득이 실질적으로 줄어든다는 것입니다. 매년 임금은 조금씩 오릅니다. 경제가 성장할 때 물가가 자연스럽게 같이 오르는 것을 고려해서 말이죠. 그런데 물가상승률이 너무 높으면 임금이 인상돼도 체감하는 살림살이는 전과 별 차이가 없거나 오히려 소득이 줄어든 느낌이 듭니다. 같은 월급으로 살 수 있는 물건이 줄어드니까요. 게다가 현실적으로 임금이 오르는 속도는 인플레이션율보다 더딥니다. 그래서 인플레이션이 오면 평범한 직장인들은 실질임금이 줄어드는 경우가 대부분이죠.

물가상승률이 상상을 초월하는 초인플레이션(hyperinflation)이 벌어지면 고통이 더 심각합니다. 1장에서 돈에 대해 알아보면서 이야기했던 베네수엘라가 딱 그 사례였죠. 베네수엘라 경제는 원유·석유 관련 수출에 전적으로 의존하고 있습니다. 정부의 재정도 60%가 석유산업에서 들어오죠.

그런데 국제유가가 하락하면서 정부 곳간이 비어 가는데, 그 와중에 정부가 돈을 또 많이 써 버렸습니다. 부족한 돈을 채우려고 베네수엘라 정부는 돈을 마구 찍어 냈습니다. 돈이 넘쳐 나니 인플레이션은 불 보듯 훤한 일이죠. 2017년 말부터 베네수엘라 물가는 매달 50% 이상씩 올랐어요. 2018년에는 1년 물가상승률이 무려 13만 60%에 달했습니다.

세계 역사를 살펴보면 과거에도 초인플레이션이 있었는데요. 과장을 조금 하자면 초인플레이션이 2차 세계대전을 불러온 것일지도 모르겠습니다. 1920년대 1차 세계대전의 패전국 독일은 전쟁배상금을 지불하기 위해 중앙은행에서 돈을 찍어 냈어요. 화폐를 너무 많이 발행한 바람에 초인플레이션이 찾아왔죠. 땅이나 건물을 가진 소수의 부자를 빼고 국민 대부분은 극심한 생활고에 시달렸습니다. 이런 경제적인 혼란 속에서 나치당의 아돌프 히틀러가 화난 독일인들의 적개심을 자극하며 인기를 얻게 되었습니다.

반대로 물가가 내려가기만 해도 문제입니다. 물가가 지속적으로 하락하는 현상이 '디플레이션'(deflation)입니다. 경기침체가 이어져 소비가 공급보다 부족할 때 물가가 계속 떨어진다고 하면 사람들은 소비를 미룹니다. '조금 더 있다가 꼭 필요해졌을 때 사면 더 쌀 것 같은데?' 하고 생각하게 되니까요. 이러면 기업이 돈을 잘 못 버니까 투자를 줄이고 일자리도 줄어들고요. 노동자의 고용안전성이 떨어져 소득이 줄어드니까 소비가 더 줄어들죠. 수요가 없으니 부동산 가격도 내려가고 돈이 잘 융통되지 않으니까 금융권도 어려워집니다.

인플레이션과 금리는 바늘과 실

인플레이션은 금리와 아주 밀접한 연관이 있습니다. 물가상승률이 조금 높더라도 경제가 비슷한 속도로 성장하고 금리도 높다면 괜찮을 수도 있어요. 그렇지만 물가상승률이 금리보다 높으면 돈의 실제 가치가 깎여 내려갑니다.

예를 들어 금리가 연 2%면 올해 100만 원을 안 쓰고 저금하면 내년에 102만 원을 돌려받습니다. 그런데 물가상승률이 5%라면 올해 100만 원에 팔던 물건들이 내년에는 105만 원으로 가격이 오릅니다. 저축을 해도 손해를 보게 생겼습니다. 이럴 때는 사람들이 물건을 사 두려고 합니다. 살까 말까 고민했던 물건을 일단 지릅니다. 그러면 수요가 늘어나니까 물가는 더 오릅니다.

이 흐름을 끊으려면 금리를 올려야 합니다. 금리가 물가상승률보다 높아지면 물건을 사려는 사람이 줄고, 저축을 하려는 사람이 늘어나겠죠. 그래서 중앙은행은 물가상승률 목표치를 2% 수준으로 정해 두고 물가상승률이 이보다 높아지면 기준금리를 올릴 준비를 합니다.

코로나19로 경제가 둔화될까 봐 세계 각국의 중앙은행이 기준금리를 0%에 가깝게 내렸었는데요. 2021년 하반기부터 중앙은행들이 기준금리를 올리기 시작했거나 올릴 준비를 하고 있어요.

금리를 올렸으니
물가가 좀 잡힐까?
물가
금리

코로나19가 잠잠한가 싶다가도 또 확산하기를 반복하고 있어서 금리를 올렸다가 경기가 침체될 수 있다는 걱정이 아직 있긴 합니다만, 현 기자가 취재한 것처럼 가파르게 오르는 물가상승률이 심상치 않기 때문이죠.

1970년대 미국은 두 번의 오일쇼크⤵를 겪으면서 경기침체와 물가가 10% 넘게 오르는 인플레이션을 동시에 겪었습니다. 불황 속에서도 물가가 계속 오르는 이런 현상을 '스태그플레이션'(stagflation)이라고 해요. 1980년 미국 중앙은행인 연방준비제도가 인플레이션을 잡기 위해 과감하게 기준금리를 20%까지 올렸습니다.

물가와 금리처럼 경제는 각 요소가 긴밀하게 연결되어 있습니다. 무 자르듯 딱 떨어지는 것이 아니라 여러 요소가 영향을 주고받으며 힘이 더 센 쪽으로 기울기를 반복해요. 경기가 과열되면 인플레이션이 일어나고, 물가상승이 너무 지나치면 다시 경기침체가 찾아오는 것처럼 말이죠. 항상 호황만 있는 경제는 존재하지 않습니다. 호황 끝에는 불황이 오기 마련이에요. 경기가 정점까지 올라갔다가 꺾여서 불황이 찾아오고, 또 저점을 찍고 다시 올라가는 호황이 오다가 다시 정점에서 꺾이기를 반복하는 '경기

⤵ 석유 공급이 부족해 석유 가격이 폭등한 일.

순환'은 자연스러운 일입니다.

경제에는 '항상', '똑같이'란 없습니다. 정부나 중앙은행이나 시장 참여자 모두 알고 있는 사실입니다. 다만 갑작스럽고 가파른 변동은 모두 피하고 싶어 합니다. 경제가 급성장하며 거품이 끼다가 갑자기 고꾸라지면 힘들어지는 사람이 너무 많거든요. 이것도 할 말이 많습니다. 다음 장으로 따라오세요.

14. 세 차례 세계의 금융위기

1997, 2008, 2020

현 기자가 오늘은 경제위기의 단면을 잘 보여 주는 현장에 나가 있다고 합니다. 현 기자, 어디에 나가 있나요?

네, 여기는 1998년 서울 도봉역 근처 상가 앞입니다. 이 상가에만 '치킨' 간판을 건 가게가 30여 개가 넘습니다. 중계 전에 그중 한 통닭구이 전문점에 들어가 주인과 이야기를 나눠 봤는데요. 한국통신(지금의 KT)에서 20여 년 근무하다가 지난해, 그러니까 1997년 명예퇴직한 41세 가장이 주인이었습니다. 회사를 그만두고 받은 퇴직금으로 가게를 차렸다고 합니다.

1998년이면 IMF 외환위기로 우리나라가 굉장히 힘들었을 때 아닙니까? 당시에 평생 다닐 직장이라고 생각했던 대기업이 구조조정을 하면서 갑작스럽게 실직한 분들이 정말 많았던 기억이 납니다. 가수 한스밴드가 <오락실>이라는 노래를 발표해서 인기를 끌었잖아요. 그 노래 가사가 실직한 아버지가 가족들에게 이야기는 못 하고 매일 출근하는 척 집을 나와서 오락실에 가 있다가 딸에게 들키는 내용이었죠. 실제로 양복을 입고 만화방이나 오락실을 서성대는 실직 가장들이 많았고요.

맞습니다. 지금 이곳은 IMF 외환위기 때문에 대기업 계열사마다 명예퇴직과 감원 바람이 불면서 실업자가 대거 발생했는데요. 재취업이 여의치 않은 상황이라 생계유지를 위해 퇴직금을 밑천 삼아 프랜차이즈 창업을 하는 사람이 굉장히 많습니다. 치킨집이나 편의점이 대표적인 인기 업종입니다. 정부도 당장 노동시장이 구조적으로 나아질 길이 없으니 소규모 창업을 권장하고 있습니다.
이러다 2000년대가 되면 '치킨 공화국', '편의점 공화국'이라는 말이 나오지 않겠습니까? 비슷비슷한 가게가 너무 많이 생겨서 경쟁이 치열해지고 자영업자들의 고통이 커지는데, 그 시작이 IMF 외환위기라고 할 수 있습니다. 경기가 회복된 후에도 좋은 일자리는 필요한 만큼 늘어나지 않아 전체 일자리 중 자영업자 비율이 다른 나라보다 월등히 높은 사회로 굳어져 버립니다. 2021년까지도 취업자 5명 중 1명이 자영업자일 정도

입니다. 20년도 더 된 경제위기가 아직도 대한민국의 상처로 남아 있습니다. 1998년 서울에서 전해드렸습니다.[1]

공황이 오면 나라는 총체적 난국

오르락내리락하는 경기순환 단계 중 내리막길 경사가 수직에 가깝게 가파를 때 이를 '경제위기' 혹은 '공황'이라고 합니다. 경기가 서서히 후퇴하는 과정 없이 무서운 속도로 불경기로 곤두박질치는 거예요.

경제위기가 오면 나라 안팎의 경제가 그야말로 '총체적 난국'이 됩니다. 빨간불이 켜지면 금융기관들은 지갑을 닫습니다. 기업들은 채권을 발행하거나 은행 대출로 사업 자금을 끌어다 쓰는데, 평소에는 문제없던 채권 연장, 대출 연장이 거부당하고 "당장 내 돈 갚아" 하고 통보를 받습니다. 자금난에 빠져 문을 닫는 회사들이 나올 수도 있어요. 그러면 그 회사에 다니던 사람들은 일자리를 잃어버리죠.

간신히 버텨 낸 기업도 비용을 아끼기 위해 투자를 줄이고 인력 감축에 나섭니다. 대량 실업 사태가 벌어지죠. 빚을 못 갚고 망하는 회사가 늘어나면 돈을 빌려준 금융권도 위험해지고요. 경기 전망도 어둡고 기업 실적 전망도 나빠졌으니 주식시장에서는 거의 모든 종목의 주가가 폭락합니다.

가장 안전한 재테크 수단이던 은행예금조차도 불안해서 돈을 찾아가려는 고객들이 은행 앞에 몰려들기도 해요. 은행이 어려워지고, 기업들은 돈을 구하기 어려워지고, 투자가 줄고, 일자리가 줄고, 소득이 줄어든 개인들은 소비를 줄이니까 경기는 더 침체되는 악순환이 벌어집니다. 최악이죠. 다시 경기가 살아나기까지 오랫동안 많은 사람이 고통을 감내해야 합니다.

경제위기의 원인에 따라 분류하면 정부의 재정에서 문제가 시작되는 재정위기, 금융에서 문제가 시작되는 금융위기가 있습니다. 우리는 금융 공부를 하고 있으니까 역사적으로 중요한 금융위기 몇 가지를 같이 살펴볼까 합니다.

1997 IMF 외환위기

한국에서는 'IMF 외환위기'로 기억하고, 국제적으로는 '1997 아시아 금융위기'로 부르는 금융위기가 어떻게 시작됐는지부터 이야기해 볼게요. 당시 우리나라는 외화부채가 많았습니다. 정확히는 달러로 빌려서 달러로 갚아야 할 빚이 많았어요. 수출입 거래할 때, 외국에서 돈 빌리고 갚을 때 기축통화인 달러가 많이 쓰이잖아요.

그런데 1994년 미국 중앙은행인 연방준비제도가 기준금리를 올리기 시작합니다. 1990년에 걸프전을 치르면서 경기둔화를 우려해 금리를 낮게 유지했는데 이제 됐다 싶어서 금리를 올렸어요. 미국 금리가 오르면 투자자들이 한국 같은 신흥국 시장에 투자했던 돈을 빼서 미국 시장으로 옮겨 갑니다. 미국 금리가 오르니까 달러 가치도 올라가고요.

이전까지 싸게 달러를 빌려와서 호황을 누리고 있던 나라들은 위기를 맞닥뜨리게 됐습니다. 남미 국가들이 가장 먼저 충격을 받았고, 1997년 8월에는 태국이 자국 통화인 타이 밧화 가치가 폭락하고 달러 환율이 치솟으면서 금융위기에 빠집니다. 연쇄적으로 인도네시아, 대만, 말레이시아를 거쳐 가을쯤엔 한국도 비슷한 상황이 됐습니다. 재계 14위 대기업인 한보그룹이 빚을 지고 부도를 냈고, 한보그룹에 무분별하게 불법 대출을 해 준 금융권까지 휘청대는 일이 벌어졌습니다. 금융시장이 불안정하니까 한국에 돈을 빌려줬던 해외투자자들이 너도나도 "이번에는 만기 연장 안 되겠어요. 빨리 만기 날짜에 맞춰서 돈 갚으세요" 이렇게 나온 것입니다.

설상가상으로 한국에는 쌓아 둔 달러화가 거의 없었습니다. 한국은행이 갖고 있던 달러화가 100억 달러를 밑돌았는데, 당장 1년 내로 갚아야 하는 해외 빚은 250억 달러나 됐어요. 나라에 돈이 없지는 않았지만 현재 환율로 계산해서 원화로 갚을 수가 없고, 달러화로 갚아야 하는 터라 난리가 났습니다. 기업이 파산하고 부도와 대량 실직 사태가 이어졌죠. 국내에 투자했던 외국자본이 빠져나가면서 환율은 마구 올랐습니다. 그해 여름만 해도 800원대 후반이던 원달러 환율은 12월에는 2,000원에 육박할 정도로 치솟았어요.

일본, 미국에 달러를 좀 빌려 달라고 부탁했지만 소용이 없었습니다. 지금은 동맹국끼리 비상시에 양국 통화로 돈을 교환해주는 '통화스와프' 제도가 있는데요. 그래서 2021년 초 코로나19 확산으로 금융시장이 혼란을 겪고 환율이 급등할 때 한국은행과 미국 연방준비제도가 600억 달러 한도로 통화스와프 계약을 체결하기도 했죠. 통화스와프는 2008년 금융위기 때 처음 등장하기 때문에 1997년에는 달러를 구할 방법이 없었어요.

결국 우리나라는 국제통화기금(IMF, International Monetary Fund)의 도움을 받기로 결정합니다. IMF는 선진국을 중심으로 세계 각국에서 낸 돈으로 기금을 만들어서 달러가 부족해 위기에 처한 국가에 빌려주는 국제기구입니다. 당시 IMF는 달러를 빌려주는 대신 경제 시스템을 바꿀 것을 강요하기로 악명이 높았어요. 경제정책이 IMF의 지시에 따라 좌지우지되었던 것입니다.

우리나라가 IMF에게 받은 구제금융 규모는 550억 달러였습니다. 지금 같으면 통화스와프로 구할 수 있을 금액이죠. 사실 미국 정부는 한국 정부가 금융 부문을 개방하길 바라던 입장이었습니다. 미국의 금융회사들이 한국 시장에 진출하도록 말이에요. 그래서 동맹국이지만 달러 부족으로 애를 먹는 한국을 적극적으로 돕지 않고 IMF 구제금융을 받도록 두었습니다. 그 쪽이 얻을 것이 더 많았던 거죠.

IMF의 구조조정안에 따라 외국자본이 한국 대기업 주식을 사들여 경영권까지 가지게 되었습니다. 또 정리해고도 자유롭게 할 수 있게 되었어요. 그래야 외국자본이 한국 회사를 산 뒤 인건비 등 비용을 줄여서 기업가치를 높여 되팔 수 있으니까요. 그래서 현 기자가 만난 41세 치킨집 사장님처럼 하루아침에 일자리를 잃은 실업자가 폭증했습니다. 1998년 실업자 수가 123만 5,000명으로 우리나라에서 실업자가 100만 명이 넘은 것은 이때가 처음이었습니다.

또 IMF는 금리가 높아야 달러가 한국에 들어온다는 이유로 금리를 높이라고 요구했어요. 1998년 시중금리가 연 20~30% 수준으로 높아졌습니다. 경기침체가 우려되는 상황에서는 기준금리를 가능한 낮추는 것이 상식적인 대응인데 반대가 됐죠. 우리 경제는 완전히 망가졌고 1998년 경제성장률은 마이너스 6.7%를 기록했습니다.

금리가 높으면 여유자금이 있는 부자들은 돈을 불릴 수 있으니 좋지만, 대부분의 사람은 금리가 높을수록 힘들어집니다. 빚이 많은 기업들, 자영업자, 또 일자리를 잃고 생활비를 대출로 충당하는 가정에서는 이자 부담이 커지니까요. 사회생활을 시작할 나이의 청년들도 취업난에 시달렸습니다. 1998년 자살률이 전년 대비 50%나 상승할 정도로 사회 분위기가 암울했습니다. 그때 저는 초등학생이어서 정확히 무슨 일이 벌어졌는지 알지 못했지만, 부모님이 회사 이야기를 하며 괴로워하셨던 기억이 생생히 남아 있습니다.

영화 〈국가부도의 날〉에 IMF 외환위기 당시의 급박한 상황이 잘 묘사되어 있습니다. 드라마 〈응답하라 1994〉에도 IMF 시대를 맞닥뜨린 힘겨운 청년들의 모습이 담겨 있고요. (주인공 성나정은 대학을 졸업하고 증권회사 채용 시험에 합격하지만 증권사가 IMF 외환위기로 입사하기 전에 망해 버립니다. 입사가 취소된 거죠.)

2008 글로벌 금융위기

제가 목격한 두 번째 금융위기는 2007~2008년 미국에서 시작됐어요. 1990~2000년대 미국은 물가상승률이 낮고 금리도 1980년대에 비해 많이 낮아졌습니다. 경제도 꾸준히 성장하고 개인도 소득이 늘어나는 안정적인 시기였죠.

덕분에 2000년대에 많은 미국인이 집을 샀습니다. 금리가 낮아서 집 살 돈을 빌려도 이자 부담이 적으니까요. 은행과 금융기관들은 집을 사는 사람들에게 대출을 아주 많이 해줬죠. 대출 자격도 엄격하게 심사하지 않았어요.

그러나 2005년 경기과열과 인플레이션이 걱정됐던 중앙은행이 금리를 올리기 시작합니다. 주택담보대출을 받은 사람들이 이자를 내지 못하는 경우가 점점 많아졌어요. 애초에 금융권에서 대출금을 다 갚을 능력이 안 되는 사람들한테도 대출상품을 팔았던 탓이죠. 대출을 감당하지 못하는 사람들이 늘어났고 결국에는 집을 팔겠다고 내놓기 시작했습니다. 시장에 나오는 집이 많아질수록 집값은 내려갔고요. 집을 산 개인들도 집 살 돈을 무분별하게 빌려준 금융권도 집값이 갑자기 내려갈 수 있다는 생각은 미처 하지 못했죠. 그렇게 위기는 한순간에 찾아왔습니다.

주택시장이 무너지자 주택담보대출을 마구잡이로 판매했던 업체들이 망했어요. 망한 업체들에게 자금을 빌려줬던 다른 은행과 금융기관들도 돈을 잃었습니다. 금융시장은 이제 돈을 빌려주기를 꺼리는 분위기가 되었고, 사람들은 은행예금도 안전하지 않다고 생각하기 시작했죠.

금융기관에 돈을 맡기는 사람은커녕 회수하려는 사람만 늘어나니까 금융기관도 기업들에 돈을 잘 안 빌려줍니다. 은행에서 자산이 거의 없고 신용도가 낮은 사람들을 '서브프라임'(subprime)⤵ 등급으로 분류하는데요. '모기지'(mortgage)는 우리나라로 치면 주택담보대출과 비슷합니다. 그래서 이 사태를 '서브프라임모기지'로 부릅니다.

⤵ 비우량 대출. 신용도가 낮은 사람들을 대상으로 한 대출을 의미한다.

지금까지 책을 잘 따라온 분들은 눈치챘겠지만, 이렇게 어딘가 콱 막혀서 돈이 잘 돌지 않을 때 금융위기가 옵니다. 서브프라임모기지 사태의 영향으로 세계에서 네 번째로 큰 투자은행(IB, Investment Bank)이었던 리먼브라더스가 큰 빚을 지게 되어 2008년 결국 파산하고 말았습니다.

이 여파로 미국은 물론 전 세계 금융회사가 잇따라 파산 위기를 겪었어요. 수많은 회사가 문을 닫고 많은 사람이 일자리를 잃었습니다. 미국 경제가 불경기가 되니 미국에 수출을 해서 먹고 살던 나라들도 힘들어졌고요. 이것이 2008년 글로벌 금융위기입니다. 이후 미국 경제는 10년 가까이 이른바 대침체(Great Recession)를 겪게 됩니다.

2020 코로나19 팬데믹

2020년 코로나19 감염병이 전 세계에 급속도로 퍼져 나갔습니다. 경제활동이 제한되고 경기가 후퇴한 지금의 상황에는 대봉쇄(Great Lockdown)라는 이름이 붙었습니다. 2022년 현재, 아직 진행 중인 경제위기죠.

팬데믹으로 공장도 멈추고 회사도 출근할 수 없게 되고 생산활동이 어려워졌습니다. 사람들이 밖에 나오지 않으니 소비도 위축되었죠. 경제에 경고등이 들어올 때 늘 그렇듯 주식시장이 폭락하고 환율은 급등했습니다. 처음에는 예전에 겪었던 경제위기와 비슷한 양상이었습니다.

그런데 경제위기를 보는 사람들의 생각은 전과 조금 달라졌습니다. IMF 외환위기 때도 2008년 금융위기 때도 주가가 무서울 만큼 곤두박질쳤지만 몇 년 뒤 원래 주가를 회복하고 오히려 더 비싸지는 것을 봤거든요. 경제위기에 싼값으로 주식이나 부동산을 매입했던 사람들이 부자가 되었다는 것을 기억하는 사람이 많았던 거죠. 개인투자자들이 가격이 폭락한 대기업 주식을 중심으로 주식을 사들였고 주가는 몇 달 만에 코로나 이전 수준으로 다시 올라갔습니다. 이러다 보니 '위기가 곧 투자 기회'라는 생각이 퍼져 나가면서 대학생까지 주식투자를 시작할 정도로 주식투자 열풍이 불었어요.

재테크에 대한 사람들의 관심이 어찌나 높은지 2020년에 제가 만든 〈듣똑라〉 유튜브 채널의 주식 영상은 조회수가 184만 회가 넘었습니다.[2] 회사에서도 가족 모임에서도 친구들과의 만남에서도, 어딜 가든 주식 이야기가 빠지지 않았고요. 스마트폰이 보급되고 증권사마다 주식거래 앱을 개발해 놓은 덕분에 누구나 손쉽게 주식투자를 시작할 수 있는 환경도 한몫했죠. 덕분에 한국을 비롯해 대부분 국가에서 주가지수는 역대 최고 기록을 갈아 치웠습니다.

2020년 한국의 주식 광풍을 '동학 개미 운동'이라고 부릅니다. 7장에서 이야기했었죠? 경제위기에 주식을 팔고 떠나는 외국자본에 맞서 개미 군단 같은 개인투자자들이 열심히 주식을 사서 주식시장을 떠받쳤다는 의미를 과장되게 담은 명칭입니다. 미국에서도 로빈후드라는 주식거래 앱으로 투자를 시작한 개인이 급증해서 이들을 '로빈후더'라고 불렀어요.

정부와 중앙은행의 대응도 이전까지의 상식과는 조금 달랐습니다. 경기침체를 막기 위해서 돈을 마구마구 뿌렸어요. 각국 정부와 중앙은행이 나서 막대한 규모로 시중에 유동성을 공급했습니다. 미국 연방준비제도를 필두로 각국 중앙은행은 기준금리를 0%, 즉 제로 금리까지 낮췄습니다. 혹시 가족들이 재난지원금이 들어왔다며 맛있는 것을 사 먹자고 이야기한 적이 있나요? 재난지원금이 코로나19에 대응하기 위한 정부의 재정지출 중 일부였습니다.

경기가 나쁠 때는 세수↘가 줄어드는데, 돈은 더 풀어야 하는 상황이니 정부가 빚을 내서 돈을 구합니다. 이전 같았으면 국가부채 규모를 생각해 재정지출 규모를 조절해 가며 대응했을 것

↘ 국민에게서 세금을 걷어 얻는 정부의 수입.

입니다. 결국은 국민들의 세금으로 언젠가 갚아야 할 나랏빚이니 신중해야 한다는 분위기가 있었거든요.

그런데 이번 대봉쇄 때는 '헬리콥터머니'라는 말이 나올 정도로 정부가 재정을 많이 풀었습니다. 헬리콥터가 하늘을 날아다니며 돈을 뿌리듯 통화를 시중에 마구마구 공급하는 것을 의미하는 말이에요. 중앙은행이 정부가 발행하는 국채를 사들이는 방식으로 정부에 돈을 넣어 주면 정부가 필요한 정책에 그 돈을 쓰는 것입니다.

그럼 중앙은행은 어디서 그 많은 돈을 구할까요? 국가가 통화 발행 권한을 독점하고 있는 한, 부채가 많아도 무한정 돈을 찍어 내서 갚으면 그만이기 때문에 재정을 확 풀어도 문제가 없다는 이론(현대 화폐 이론·MMT)이 있습니다. 물론 기축통화인 달러를 찍어 내는 미국에 해당하는 이야기지만요. 코로나19 대응을 위해 예산을 마련하느라 불어난 국가부채가 정말 문제없을지, 어떤 영향을 미칠지 아직은 알 수 없습니다.

아무튼 각국 정부와 중앙은행이 돈을 이렇게 푼 덕에 대부분의 선진국은 우려했던 정도의 큰 경제적 충격 없이 코로나19를 극복하는 중입니다. 그런데 이번에는 인플레이션이 문제입니다. 시중에 돈을 많이 풀었더니 돈이 주식, 암호화폐, 부동산 등 자산시장으로 몰려 자산 가격 인플레이션이 생겼습니다.

백신접종을 마친 사람이 많아질수록 곧 코로나19가 종식되고 경제가 전처럼 회복할 것이란 기대감 커졌어요. 덩달아 소비심리가 살아났고요. 하지만 동시에 경기가 회복될 것이란 기대감에 원유를 비롯해 생산 활동에 꼭 필요한 원자재 가격이 올라 버렸습니다. 갑자기 소비가 늘어나면서 화물 컨테이너를 구하기 힘들 정도로 물류대란이 벌어지기도 했고요. 여러 가지 이유로 물건 공급이 수요를 따라가지 못하자 물가는 점점 올라가고 있습니다. 13장에서 현 기자가 보도했던, 더 이상 1달러가 아닌 뉴욕의 '1달러 피자'처럼 말이죠.

그래서 각국 중앙은행은 서둘러 '제로금리 모드'에서 '금리인상 모드'로 전환 중입니다. 비상시에 쏟아 낸 조치들을 거둬들이고 통화정책을 정상화하는 과정이죠. 한국은행은 2021년 8월부터 기준금리를 올리기 시작했어요. 미국 연방준비제도도 2022년 3월 기준으로 금리인상을 시작했습니다. 중앙은행이 금리를 올린다니까 주식과 가상화폐 가격이 크게 떨어졌어요. 안전한 투자처인 은행예금과 채권 금리가 올라갈 테니, 투자자들이 위험자산인 주식이나 가상화폐에 투자했던 돈을 예금이나 채권으로 옮기려고 하기 때문이죠.

2020년 코로나19 팬데믹으로 시작된 주식투자 열풍과 대대적으로 돈을 풀어 통화의 유동성을 높인 정책은 10년 뒤 어떻게 기록될까요? 코로나19가 물러가고 경제가 다시 살아난 뒤에 또 다른 경제위기가 찾아올 수도 있겠죠. 그때는 여러분이 지난 금융위기 이야기를 떠올리며 현명한 선택을 할 줄 아는 멋진 어른이 되어 있을 것이라 믿습니다.

15. 미래의 금융은 어떤 모습일까?

핵심은 신뢰

오늘은 현 기자가 미래의 금융 소식을 시청자 여러분께 전해 드린다고 합니다. 바로 연결해 보겠습니다. 현 기자, 지금 어디에 있나요?

네, 저는 지금 2042년 미래 세계에 와 있습니다.

지금 중계하는 분이 현 기자가 맞습니까? 목소리도 좀 다르고 얼굴이 다른데요? 키도 좀 커진 것 같고요.

제가 맞습니다만, 정확히는 2042년 가장 유행하는 메타버스 플랫폼에서 활동하는 '현 기자' 아바타의 모습으로 취재 중입니다. 보시다시피 이 안에 방송국도 있고 카페도 있고 은행도 있습니다. 메타버스 세계관 안에서 설립된 기업과 주식시장도 있고요.

현실 세계가 온라인에 복사된 것 같군요. 그런데 하필 메타버스로 취재를 나간 이유가 있습니까?

지금 이곳에서 은행의 AI 대출 상담사를 비난하는 여론이 아주 거세게 일고 있습니다. 보시다시피 지나가는 다른 사람들의 아바타 위에 '#AI은행원지구를떠나라'라는 해시태그가 붙어 있습니다. 은행마다 대출 상담 및 심사를 사람이 아니라 AI 은행원이 하고 있는데요. 고객들의 온갖 데이터를 한번에 검토해서 신용도와 대출한도를 AI가 판단하는 것입니다.

빅데이터로 분석하면 소득이나 현재 자산 규모로는 가늠하기 어려웠던 부분들, 이를테면 앞으로 더 성공해서 돈을 벌 가능성이 큰 사람인지, 책임감이 강하고 성실한 사람인지까지 알 수 있겠네요. 그럼 대출 서비스가 더 좋아지지 않을까 싶은데, 왜 비난하는 해시태그 운동이 벌어졌나요?

금 앵커가 말씀하신 대로 전보다 신용도를 정확하게 판단해서 학생이나 프리랜서처럼 소득이 일정치 않은 사람들도 대출을 잘 받을 수 있었습니다. 한편, 대출 거절 통보를 받은 사람들은 거절 사유가 석연치 않다는 의혹을 제기하기 시작했습니다. 은행에 "대출 거절 이유를 알려달라"라고 요청하면 수백 페이지에 달하는 데이터 기록을 보여 주는데요.
문제는 이 자료를 열람해도 AI 은행원이 어떤 알고리즘으로 돈을 빌려주면 안 될 사람이라고 판단했는지 은행 측도 고객도 이해하기 어려울 만큼 복잡하다는 것입니다. 아무리 합리적인 판단이라 해도 평범한 인간의 지능으로 이해할 수 없는 알고리즘으로 신용도를 판단하는 것이 옳은 것인지 당분간 논란이 계속될 것으로 보입니다. 2042년 메타버스에서 이현이었습니다.[1]

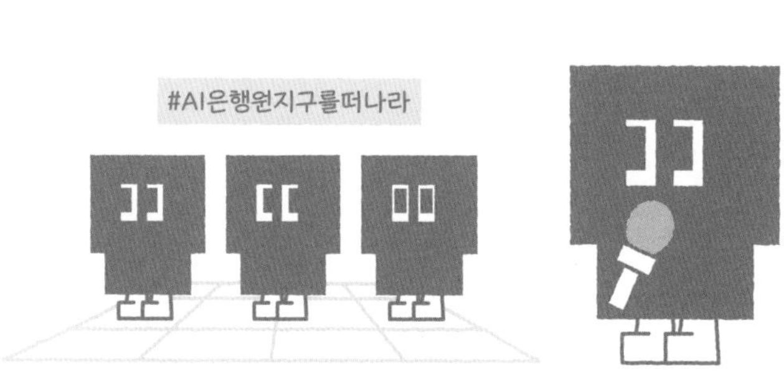

비대면 금융 서비스

저희 어머니는 1950년대에 태어난 분인데 어린 시절 가정 형편이 정말 어려웠다고 합니다. 학교까지 버스 타고 갈 돈이 없어서 매일 2~3시간씩 걸어서 학교에 다녔대요. 어느 날은 책가방을 메고 터벅터벅 걷다가 다리가 너무 아파서 '땅이 저절로 움직이면 좋겠다'라는 생각을 하셨다는데요. 그런데 "살다 보니 정말로 땅이 움직이는 걸 보게 되었다"라고, 제가 중학생 무렵 동네에 새로 문을 연 백화점의 무빙워크를 함께 걸으며 이야기하셨습니다.

세상이 바뀌는 속도가 점점 빨라지는 것 같습니다. 여러분이 제 나이가 됐을 때는 현 기자가 취재한 가상의 미래가 현실이 되어 있을지도 모르죠. 지금 금융이 어떻게 변하고 있는지를 살펴보면 미래의 금융이 어떤 모습일지 조금 그려질 것 같아요.

일단 거리에서 은행 지점을 찾아보기 어려워질 것은 확실해 보입니다. 은행원을 만날 일도 거의 없어지겠고요. 지금도 이미 영업점에 가지 않아도 스마트폰 하나로 금방 은행 계좌를 열거나 신용카드를 만들 수 있어요. 저도 마지막으로 은행 영업창구에 간 게 가물가물합니다. 은행 입구에 설치된 ATM 말고 은행원과 만난 게 말이에요. 종이 통장은 이제 열어 보지도 않아요.

제가 고등학교를 졸업할 때 학교에서 단체로 은행거래 등에 쓸

도장을 제작해서 학생들에게 선물로 나눠 줬던 기억이 납니다. 2000년대 초반만 해도 도장 들고 은행에 가야 만기가 된 적금통장도 깰 수가 있고 돈도 부칠 수 있었거든요. 요즘 금융 앱을 이용해 보면 '비대면'이라는 단어가 자주 보일 거예요. 10여 년 전만 해도 금융거래는 대부분 은행 창구에 찾아가서 하는 '대면' 서비스가 기본이었는데, 이제는 은행원을 안 만나도 된다는 의미에서 '아닐 비(非)'를 붙인 비대면 상품·서비스가 많아졌습니다.

증권사도 마찬가지예요. 증권사 주식거래 앱을 설치하면 한국 주식과 펀드는 물론이고 미국 주식까지 침대에 누워 거래할 수 있게 됐습니다. 스마트폰의 보급과 앱 개발로 주식투자 문턱이 확 낮아졌죠. 비대면 주식계좌 개설, 주식거래가 불가능했다면 2020년 동학 개미 운동은 없었을 거라고 생각해요.

미국에서도 2020년 개인투자자들의 주식투자 열풍이 불었습니다. 앞에서 미국의 개미 투자자 로빈후더 이야기를 했었죠? 미국에서는 원래 주식거래 수수료가 건당 10달러에 달할 정도로 높아서 주식투자가 대중적이지 않았는데, 수수료가 무료인 데다 빠르고 쉽게 계좌를 만들 수 있는 로빈후드 앱이 나오면서 청년층을 중심으로 주식에 투자하는 사람이 어마어마하게 늘어났습니다.

물론 세상에 '진짜 공짜'는 없죠. 로빈후드가 고객에게 수수료를 안 받는 대신, 고객들의 거래 주문을 대형 증권거래회사에 넘기고 보상금을 받았는데요. 다른 증권사 고객보다 나쁜 조건으로 주문을 넘겨서 로빈후드 고객들이 오히려 비싼 비용을 치러야 했다는 의혹이 불거져 조사를 받기도 했습니다.[2]

2020년 기준 로빈후드 회원은 1,300만 명이고 평균연령은 31세로 금융 서비스 고객 중에는 굉장히 젊은 편입니다. 원래 주식거래는 개인보다는 금융기관 같은 '큰손' 위주의 시장이고, 개인 중에서도 여유자금이 많은 '어른들의 리그'였거든요. 그런데 젊은 로빈후더가 대거 늘어나면서 온라인 커뮤니티에 모여 어떤 종목에 투자할지 토론하고 로빈후드 앱으로 투자하는 문화가 생겼습니다.

심지어는 2021년 1월 비디오게임업체 '게임스톱'의 주식을 개인투자자들이 집중적으로 매수하면서 주가가 폭등하는 일이 생기기도 했습니다. 게임스톱 사가 운영에 어려움을 겪자 온라인 커뮤니티에 모인 로빈후더들이 "어린 시절 게임 타이틀을 사러 드나들던 추억의 회사를 살려내자!" 하고 의기투합하면서 주식을 사 들였어요. 개인투자자들이 결집해서 특정 종목의 주가를 움직이는 일은 처음이었습니다. 돈이 많지 않은 개인투자자를 우습게 보던 월 스트리트의 큰손들을 깜짝 놀라게 했죠.

이후 다른 종목에도 비슷한 일이 일어났고, 게임스톱처럼 온라인에서 입소문을 타고 개인투자자들이 몰려드는 주식을 일컫는 '밈 주식'이라는 말도 생겼어요. 이렇게 금융 서비스의 형태가 달라지면서 견고했던 금융시스템에 조금씩 변화가 생기고 있습니다.

비대면 금융 서비스에는 그림자도 있습니다. 매년 은행 영업점 수십 곳이 사라지고 있죠. 영업점을 유지하려면 은행이 월세도 내야 하고 은행원 월급도 줘야 하는데, 비대면 거래가 늘어나니까 비용을 줄이기 위해서 영업점을 줄이고 있습니다. 영업점에 있는 ATM도 같이 철거되니 이것도 매년 수천 개씩 없어지고 있어요.

스마트폰을 잘 다루는 젊은이들은 어차피 영업점에 갈 일이 별로 없고, 서울 같은 큰 도시에 사는 사람들은 집 앞은 아니더라도 번화가에 영업점이 몇 군데는 남아 있으니 괜찮습니다. 하지만 은행 영업점을 찾기가 쉽지 않은 시골 주민들이나 스마트기기 사용에 서툰 고령층은 금융 서비스에서 점점 소외될 수 있다는 점이 문제입니다.

한눈에 볼 수 있다, 슈퍼앱

금융회사와 IT회사의 경계가 무너지고 있어요. 이용하는 우리 입장에서 쉽게 이야기하면 네이버, 카카오톡 같은 스마트폰 앱에 점점 돈 관련 기능이 스며들고 있잖아요. 네이버페이로 물건을 사면 포인트를 받고 카카오톡 선물하기를 이용하면 친구에게 기프티콘도 보낼 수 있죠. 책을 읽으며 느꼈겠지만 돈을 벌고, 모으고, 쓰는 것은 연결되어 있어요. 고객이 돈을 얼마나 버는지, 보통 얼마를 어디에 쓰는지 알고 있다면 마음에 드는 상품을 추천하기가 좋잖아요. 그래서 은행부터 유명한 IT 회사, 게임회사, 이커머스업체까지 금융 서비스에 뛰어든 것이죠.

이전에는 금융기관이 자기네 고객 데이터를 절대 다른 곳과 공유하지 않았어요. 당연하죠, 그게 다 영업 비밀인 걸요. 고객들은 한 은행만 이용하는 것이 아니라 다른 은행에도 계좌가 있고 증권사도 이용하고 카드회사도 이용하잖아요. 여러 금융사에 내 정보가 흩어져 있다 보니 고객 입장에서는 내게 맞는 조건의 금융 상품을 한 번에 비교해 보기도 어렵고 불편함이 있었어요.

그런데 이제 법이 바뀌어서 "내 데이터의 주인은 나야. 그러니까 내가 지정하는 다른 업체에 내 데이터를 보내 줘"라고 요청할 수 있게 됐습니다. "내 데이터 사용해도 돼" 하고 허락만 해 주면 은행 계좌 정보, 카드 결제 내역 등 여러 정보를 한곳에 모아 관리해 주는 '마이데이터' 서비스가 2022년부터 시작됐어요. 자주 쓰는 은행 혹은 핀테크 앱 한곳에서 다른 은행 계좌, 주식 보유 현황, 다음 달 카드값 등등 모든 금융 정보를 확인할 수 있습니다.

서비스가 안정화되면 몇 년 뒤에는 앱 하나로 재테크도 하고, 나의 소비성향도 분석해 주고, 이번 달 주머니 사정에 맞게 식료

주식
장보기
자산 관리
GOLD
GOLD
투자
슈퍼앱으로
한 번에!

품 구매 리스트도 짜서 추천해 주고, 나에게 필요한 투자계획도 세워 주는 '슈퍼앱'이 나올 수 있어요. 그렇게 되면 복잡하게 여러 앱을 깔 필요 없이 앱 하나로 이 책에 등장한 모든 금융거래를 할 수 있겠죠.

그런 날이 오면 최후의 승자 앱 하나만 남기고 다 지워 버릴 테니, 그 자리를 먼저 차지하기 위해 금융사, 핀테크업체, IT 기업들의 경쟁이 치열합니다. 2042년에는 어떤 앱으로 친구에게 n분의 1 밥값을 보낼지 기대가 되는군요.

종이돈은 이제 안녕~

미래의 설날 풍경을 상상해 볼게요. 알록달록 한복을 입은 조카들이 직장인이 된 여러분에게 세배를 합니다. "즐거운 경험을 많이 하는 새해가 되길 바라" 하고 덕담을 하며 스마트폰을 들어 지문 인증으로 전자지갑 앱을 엽니다. 조카가 공손하게 두 손으로 스마트폰을 내밀면, 내 스마트폰을 태그해요. "우리 때는 설날에 세배하고 받은 봉투에 빳빳한 5만 원짜리 신권 지폐가 들어 있었어. 너네는 새 돈 받는 기분 모르지?"라는 이야기와 함께 조카의 전자지갑으로 10만 디지털WON을 송금합니다.

실물화폐가 사라진 세상을 상상해 봤습니다. 실물화폐가 사라지면 비트코인 같은 암호화폐를 쓰게 되는 거냐고요? 그럴 수도 있고 아닐 수도 있습니다. 왜냐하면 각국 중앙은행이 암호화폐를 개발할 수 있거든요. 중앙은행이 만든 디지털화폐를 CBDC(Central Bank Digital Currency)라고 부릅니다. 화폐발행권과 통화정책 권한을 잃으면 국가는 힘을 잃게 될 테니 중앙은행의 통제를 벗어나려는 비트코인을 국가가 그냥 두고 볼 리가 없죠. 한국은행을 비롯해 세계 각국의 중앙은행들이 CBDC를 도입하기 위해 모의실험을 하고 있습니다.

그중에서도 가장 속도를 내는 나라는 중국입니다. 중국의 중앙은행인 인민은행이 발행하는 디지털화폐 '디지털 위안화'는 올림픽에서도 시범적으로 사용되었어요. 원래 올림픽 경기장과 관련 사이트에서는 비자카드와 현금으로만 결제할 수 있었는데, 2022 베이징동계올림픽에서는 디지털 위안화가 결제수단에 추가됐어요. 중국인이 아닌 외국 선수와 코치 들도 무인 환전기로 디지털 위안화로 환전하고 전자지갑 역할을 하는 손목 밴드로 결제할 수 있었다고 합니다.[3]

CBDC가 보급되고 실물화폐가 사라지면 월급도 전자지갑으로 바로 들어오고, 결제도 전자지갑에서 바로 이뤄질 수 있어요. 세금을 안 내거나 불법 자금을 만들기는 어려워집니다. 또 금융기관으로 모이던 금융 데이터가 중앙은행, 국가에 쌓이니까 금융이 전보다 중앙집권화될 수도 있고요.

중국이 특히 CBDC 상용화에 열을 올리는 이유가 또 하나 있습니다. 중국은 미국과 세계 최강국 자리를 두고 다투는 사이죠. 아직은 전 세계적으로 미국의 영향력이 더 강력합니다. 여러 이유가 있지만 미국 중앙은행이 발행하는 통화 '달러'가 세계에서 가장 몸값 높은 돈이라는 것도 무시할 수 없는 이유예요.

그런데 중국이 실물화폐가 통용되던 시대에 달러가 차지한 기축통화 자리를 디지털 위안화로 뺏어 보려고 CBDC 개발을 열심히 하고 있어요. 중국이 아프리카 대륙의 개발도상국 등을 지원하거나 해외에 투자할 때 디지털화폐로 지급하는 방식으로 디지털 위안화를 퍼트리려는 것이죠. 과연 미래에 우리는 어떤 돈을 쓰고 있을까요?

금융의 모양은 달라져도 핵심은 똑같아!

미래에는 IT 기술 덕에 금융거래가 간편해지고 소비 습관이 달라질 것 같습니다. 금융 서비스의 모양새는 달라지겠지만 여러분이 저와 함께 공부한 금융의 핵심은 변하지 않을 거라고 생각해요.

금융은 돈이 필요한 사람과 돈이 남는 사람의 거래죠. 돈이 필요한 사람이 많아질수록, 돈을 빌려줬다 못 돌려받을 위험이 클

수록 돈 가격은 올라갑니다. 금융거래에 공짜는 없습니다. 쉽게 돈을 불리는 방법도 없으니 '이렇게만 하면 쉽게 돈 벌 수 있다' 하고 큰소리치는 사람은 무조건 경계해야 합니다.

금융상품을 팔거나 중개해 주는 업체는 수수료를 떼어 가는데, 수수료가 없더라도 나중에 큰돈이 될 다른 자산(고객의 데이터 등)이라도 반드시 받아 갑니다. 마지막으로 세상이 돈 때문에 떠들썩할 때는 '이다음에는 어떤 일이 이어서 일어날까'를 생각해야 돈을 지킬 수 있습니다.

금융은 사람들 사이의 보편적인 신뢰가 있어야 가능합니다. 돈 액면에 써 있는 가치를 보장받는다는 믿음, 빌려준 돈은 반드시 돌려받을 수 있다는 믿음, 시장이 내일도 모레도 열릴 것이라는 믿음이 없으면 금융시스템은 작동할 수 없습니다. 다르게 생각하면 '금융이 지금과 같은 형태일 필요가 있나?' 하고 의문을 갖는 사람이 늘어나면 금융시스템이 바뀔 수도 있겠죠. 미래의 금융이 어떤 모습일지는 여러분이 돈에 대해 얼마나 잘 알고 있는지에 달려 있다는 이야기이기도 합니다.

본문의 주

1. 돈이 뭐길래

1 신병주, 《왕으로 산다는 것》, 매일경제신문사, 2017

2 〈"美 교도소 최고 인기 품목 담배 아닌 '라면'", 이유는 바로…〉, 《동아일보》, 2016. 8. 23

3 〈한국은행의 금괴 8320개·104톤은 어디에?〉, 《뉴스1》, 2017. 5. 22

4 〈경제난 베네수엘라 작년 인플레이션 9,585%〉, 《연합뉴스》, 2020. 2. 6
〈'초인플레 베네수엘라 고액권 발행 검토… 그래도 고작 270원〉, 《연합뉴스》, 2020. 10. 6

2. 삶은 선택의 연속

1 〈The hidden cost of Gangnam Style〉, 《The Economist》, 2014. 6. 3

3. 돈에도 가격이 있다고?

1 〈'인플레' 시대 저축은 유익한가〉, 《중앙일보》, 1980. 7. 19

5. 은행마다 맡은 미션이 있다

1 〈"내 돈 찾자" 영업정지 소문에 저축은행 전쟁터 방불〉, 《JTBC》, 2012. 5. 4

2 한국은행 홈페이지 https://www.bok.or.kr/portal/main/contents.do?menuNo=200297

6. 주식이 뭐지?

1 〈빅히트 방시혁 주식 재산 3조… '재벌급' 주식 부자 됐다〉, 《이데일리》, 2020. 10. 15

2 한국거래소 KRX 정보데이터시스템(KOSPI, KOSDAQ 상장사 기준)

3 한국거래소, 2022. 2. 18 종가 기준

4 한국거래소, 2022. 2. 18 종가 기준

7. 주식시장은 어떻게 돌아갈까?

1 〈천재 뉴턴도 20억원 손해 본 남해회사 버블… 배경엔 정부 있었다〉, 《한국경제》, 2014. 2. 28

2 위의 기사.

3 한국거래소 KRX 정보데이터시스템

8. 골라 담고 나눠 담는 바구니

1 〈한국 최초의 펀드, 1970년 탄생〉, 《한겨레 21》, 2007. 12. 20

9. 요긴하지만 쉽게 보면 큰코다칠걸

1 〈2021년 하반기 금융안정보고서〉, 《한국은행》, 2021. 12. 23

10. 불안한 마음을 덜고 싶다면

1 강종무, '화재보험과 생명보험의 탄생', 네이버캐스트 〈뜻밖의 세계사〉, 2013. 9. 20 https://terms.naver.com/entry.naver?docId=3577109&categoryId=59027&cid=59020

11. 재테크 똑똑이도, 책임 있는 경제인도

1 〈"코인, 연말에 팔았다 살 필요 없어요"… 코인 세금 어떻게 매기나〉, 《머니투데이》, 2022. 1. 6

12. 결제수단은 진화한다

1 〈2021년 상반기 지급결제 동향〉, 한국은행, 2021. 9. 8

2 〈이용자 급증하는 제3의 통화 '크레디트·카드' 국내의 현황〉, 《중앙일보》, 1980. 11. 29

3 〈Programmer has two guesses left to access £175m bitcoin wallet〉, 《The Guardian》, 2021. 1. 12 https://www.theguardian.com/technology/2021/jan/12/in-bits-the-programmer-locked-out-of-his-130m-bitcoin-account

13. 경제에 '늘 똑같이'란 없다

1 가격 비교 사이트 핀더의 스타벅스지수(2019) https://www.finder.com/ca/starbucks-index\

2 유튜브 한국은행 채널, '세월 속에 숨겨진 물가의 비밀', 2021. 1. 27 https://youtu.be/

k1tf7diIsv8

14. 세 차례 세계의 금융위기

1 〈IMF시대 새로운 사업 '소호' 창업 가이드〉,《조선일보》, 1998. 5. 13
2 유튜브 듣똑라 채널, '주식 처음이라면 이 영상부터 보세요', 2020. 9. 15 https://youtu.be/lDWGPapR-_U

15. 미래의 금융은 어떤 모습일까?

1 EBS 〈위대한 수업, 그레이트 마인즈〉, '신년특집 유발 하라리에게 듣는다', 2022. 1. 3~2022. 1. 6 방영
2 〈"수수료 없다더니 더 손해"… 미 증권사 로빈후드, 711억원 벌금〉,《연합뉴스》, 2020. 12. 18
3 〈로봇부터 디지털 위안까지… ICT가 열일 한 베이징 동계올림픽〉,《전자신문》, 2022. 2. 27

참고 문헌

- 곽해선, 《경제기사 궁금증 300문 300답》, 혜다, 2021
- 레이 달리오, 송이루 외 옮김, 《레이 달리오의 금융위기 템플릿》, 한빛비즈, 2020
- 스티븐 스미스, 김공회 옮김, 《세금이란 무엇인가》, 리시올, 2020
- 안예홍, 《지급결제의 주역들》, 한울, 2021
- 영주 닐슨, 《쓸모 있는 경제학》, 러닝핏, 2020
- 오건영, 《앞으로 3년 경제전쟁의 미래》, 지식노마드, 2019
- 팀 하포드, 김태훈 옮김, 《팀 하포드의 세상을 바꾼 51가지 물건》, 세종, 2021
- 테이번 페팅거, 김정수 옮김, 《경제학 무작정 따라하기》, 길벗, 2021
- EBS 자본주의 제작팀, 《EBS 다큐프라임 자본주의》, 가나출판사, 2013

금융 프렌즈가 우릴 기다려

1판 1쇄 발행일 2022년 5월 9일
1판 2쇄 발행일 2022년 10월 31일

지은이 이현

발행인 김학원
발행처 (주)휴머니스트출판그룹
출판등록 제313-2007-000007호(2007년 1월 5일)
주소 (03991) 서울시 마포구 동교로23길 76(연남동)
전화 02-335-4422 **팩스** 02-334-3427
저자·독자 서비스 humanist@humanistbooks.com
홈페이지 www.humanistbooks.com
유튜브 youtube.com/user/humanistma **포스트** post.naver.com/hmcv
페이스북 facebook.com/hmcv2001 **인스타그램** @humanist_insta

편집주간 황서현 **편집** 김나윤 최윤영 **디자인** 유주현 **일러스트** 오이웍스
조판 이희수 com. **용지** 화인페이퍼 **인쇄·제본** 정민문화사

ISBN 979-11-6080-846-9 43320